Wer be[illegible] [illegible]ken verlässt,
entdeckt neue Erdteile!

[illegible]schnitt

16. Oktober 2001

Thomas Drach/Irmtraud Schmitt

Forever Clever

Das Rundum-Programm
für Ihre geistige Fitness

mvg

Die Deutsche Bibliothek – CIP-Einheitsaufnahme

Drach, Thomas:
Forever Clever : Das Rundum-Programm für Ihre geistige Fitness / Thomas Drach; Irmtraud Schmitt. – Landsberg am Lech : mvg, 2001
ISBN 3-478-72950-5

Für Luka

Umschlaggestaltung: Vierthaler & Braun, München
Satz: Fotosatz Buck, Kumhausen
Druck und Bindearbeiten: Himmer GmbH, Augsburg
Printed in Germany 72950/801302
ISBN 3-478-72950-5

Inhalt

Vorwort

Liebe Leserinnen,
liebe Leser,

die Idee zu diesem Buch war schon lange in meinen Gedanken vorhanden. Allerdings glaubte ich, dass alles Wesentliche und Wichtige bereits von genialen Vordenkern aufgezeigt wurde und die Regale in den Buchhandlungen mit Büchern über Gedächtnistraining reichlich gefüllt sind.
Was sollte ich da noch hinzufügen?

Nun ist es doch passiert und aus dem ursprünglichen Wunsch, eine umfassende Seminarunterlage zu gestalten, entstand in Zusammenarbeit mit Irmtraud Schmitt das Ihnen vorliegende Buch *Forever Clever*.

Es beinhaltet nicht nur Informationen und Übungen zu dem mittlerweile in vielen Büchern dargestellten „Kopftraining", sondern es bezieht Herz und Bauch in ein ganzheitliches Fitnesskonzept mit ein.

Wenn es darum geht, das Gedächtnis fit zu halten und die Konzentrationsfähigkeit zu steigern, dann muss meiner Erfahrung nach der ganze Mensch angesprochen werden. In den Seminaren zeigt sich, dass schlechte Gedächtnis- und Konzentrationsleistungen häufig daher rühren, dass elementare Bedürfnisse des Körpers unbeachtet bleiben, dass die Menschen gestresst sind oder nicht den für ihre Begabungen geeigneten Beruf ausüben. Kostbare Energien und vor allem Zeit werden hier verschwendet, was letztendlich die Lebensqualität stark beeinträchtigt.

Im ersten Teil dieses Buches werden Sie durch einfache Übungen und Techniken Ihre Lernfreude wieder entdecken. Sie werden feststellen, wie schnell und sicher Ihr Gedächtnis arbeitet, wenn Sie z.B. in Bildern denken und sich mental und körperlich auf Lernerfolg einstimmen.

Im weiteren Verlauf folgen Tipps und Tricks, mit denen Sie effektiver lernen können, bis Sie dann im zweiten Teil des Buches den Themen begegnen, die, wie gesagt, insbesondere Herz und Bauch ansprechen. Sie werden entdecken, dass Gedanken einen direkten Einfluss auf Ihren Hormonhaushalt, Ihre geistige Verfassung und Ihren Erfolg ausüben.

Was die gesundheitlichen Empfehlungen angeht, so wünsche ich mir, dass Sie unsere Anregungen aufnehmen und überprüfen, was Ihnen persönlich hilft. Was für Sie nicht von Nutzen ist, sollten Sie so lange verändern, bis es funktioniert, ansonsten werfen Sie es bitte über Bord.

Ein letzter Wunsch, bevor Sie mit dem Fitnessprogramm beginnen: Halten Sie, so wie es der Titel dieses Buches *„Forever Clever"* schon sagt, geistige Frische und Gesundheit nicht nur in jungen Jahren, sondern auch mit zunehmendem Alter für möglich! Denn es gibt außer im Krankheitsfall keinen Grund dafür, dass die geistigen Kräfte mit den Jahren abnehmen. Vielmehr gewinnen wir, solange wir uns gesund erhalten, an Wissen, Weisheit und Kompetenz.

Herzlichst, Ihr Thomas Drach, im August 2001

PS: Die Empfehlungen in diesem Buch zielen darauf ab, die Gedächtnis- und Konzentrationsleistung zu verbessern, die Leistungskraft von Körper und Geist zu stärken und auch der Seele Unterstützung zukommen zu lassen. Die Tipps und Anregungen sind sorgfältig überprüft und in der Praxis bewährt. Den Lesern wird nahe gelegt zu klären, in welcher Art und Weise die Vorschläge persönlich und in eigener Verantwortung anwendbar sind. Im Fall von Unsicherheiten und gesundheitlichen Beschwerden sind die zuständigen Ärzte und Therapeuten zu befragen.

Die Autoren, der Verleger, desser Vertreter und Beschäftigte lehnen jegliche Haftung in Zusammenhang mit der Anwendung der Informationen dieses Buches ab.

Testen Sie Ihr Gedächtnis

1. Gedächtnis für Zahlen (1): Prägen Sie sich eine Minute lang die nachfolgenden Zahlen ein.

Decken Sie die Zahlenreihe ab und schreiben Sie die Zahlen aus dem Gedächtnis auf. Für jede richtige Zahl gibt es 20 Punkte. **(100 Punkte)**

1315	**–**	**5414**	**–**	**9244**	**–**	**7623**	**–**	**1837**

	–		–		–		–	

2. Gedächtnis für Begriffe: Sie haben eine Minute Zeit. Prägen Sie sich die folgenden Begriffe ein und schreiben Sie sie in der richtigen Reihenfolge auf, indem Sie die linke Liste abdecken. Für jeden richtigen Begriff gibt es 10 Punkte. **(120 Punkte)**

1	**Nackenstütze**	**1**	
2	**Kunst**	**2**	
3	**Bier**	**3**	
4	**Elefant**	**4**	
5	**Grashalm**	**5**	
6	**Arzt**	**6**	
7	**Bildschirm**	**7**	
8	**Füller**	**8**	
9	**Mauer**	**9**	
10	**Hubschrauber**	**10**	
11	**Echo**	**11**	
12	**Stempel**	**12**	

3. Gedächtnis für Namen und Gesichter (1): Versuchen Sie, sich in zwei Minuten die Gesichter mit den entsprechenden Namen zu merken.

Hans Thomalla

Margret Hinrikson

Beate Dahlem

Friedrich Führich

Edeltraud Kapella

Wilfried Badmann

Amelie Kleister-Lausitz

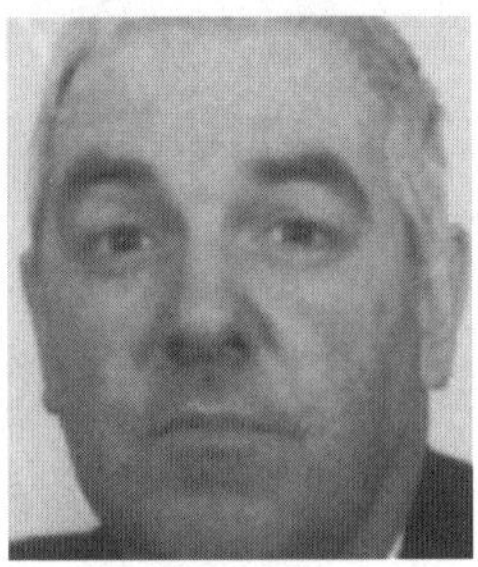
Ralph Beisecker

Philip Reiser

Versuchen Sie nun, sich an die Gesichter und Namen zu erinnern. Für jede richtige Kombination mit richtiger Schreibweise gibt es 20 Punkte. **(180 Punkte)**

4. Gedächtnis für Texte: Hier haben Sie zwei Minuten Zeit, um sich das Gedicht von J.W.von Goethe einzuprägen.

Tiefe Stille herrscht im Wasser,
ohne Regung ruht das Meer,
und bekümmert sieht der Schiffer
glatte Fläche rings umher,
keine Luft von keiner Seite!
Todesstille fürchterlich!
In der ungeheuern Weite
reget keine Welle sich.

(Johann Wolfgang von Goethe)

In der Ruhe liegt die Kraft

Für jede richtige Zeile gibt es 10 Punkte. **(80 Punkte)**

Tiefe ____

ohne ____

und ____

glatte ____

keine ____

Todesstille ____

In ____

reget ____

5. Gedächtnis für Namen und Gesichter (2): Verbinden Sie die Namen nun mit den dazugehörigen Merkmalen. Testen Sie danach wieder, wie viel Sie sich merken konnten. Schauen Sie sich dazu auch noch einmal die Gesichter an. Zeit: zwei Minuten.

Prof. Dr. Hans Thomalla	Professor an der Universität in Heidelberg
Margret Hinrikson	Kaufmännische Angestellte
Beate Dahlem	Hausfrau mit zwei schulpflichtigen Kindern
Friedrich Führich	Hubschrauberpilot
Edeltraud Kapella	Sekretärin der Geschäftsleitung
Wilfried Badmann	Diplompsychologe
Amelie Kleister-Lausitz	Reiseverkehrskauffrau, Hobby: tanzen
Ralf Beisecker	Außendienstmitarbeiter
Philip Reiser	geschieden, selbstständiger Seminartrainer

Für jede richtige Kombination gibt es 20 Punkte. **(180 Punkte)**

Friedrich Führich ____________________

Prof. Dr. Hans Thomalla ____________________

Beate Dahlem ____________________

Edeltraud Kapella ____________________

Philip Reiser ____________________

Ralf Beisecker ____________________

Wilfried Badmann ____________________

Margret Hinrikson ____________________

Amelie Kleister-Lausitz ____________________

6. Gedächtnis für Zahlen (2): Nun haben Sie wieder zwei Minuten Zeit, um sich diese Zahlen einzuprägen. Jetzt geht es auch um die richtige räumliche Platzierung.

Notizblock 130

DM 24,95

22,90 cm

4. Januar 2001

18:24 Uhr

06532–13 64

DM 873,90

12 Kinder

4785

Tragen Sie nun ein, woran Sie sich noch erinnern. Bei der Platzierung sind wir Ihnen behilflich. Für jede Zahl an der richtigen Stelle gibt es 10 Punkte. **(90 Punkte)**

Notizblock ____

____________ ____________

____

____

____

____

____

______

Das Testergebnis:

Tragen Sie hier nun die Ergebnisse aus allen sechs Tests ein und ermitteln Sie die Gesamtpunktzahl:

1. Gedächtnis für Zahlen (1):	______ Punkte (100)
2. Gedächtnis für Begriffe:	______ Punkte (120)
3. Gedächtnis für Namen und Gesichter (1):	______ Punkte (180)
4. Gedächtnis für Texte:	______ Punkte (80)
5. Gedächtnis für Namen und Gesichter (2):	______ Punkte (180)
6. Gedächtnis für Zahlen (2):	______ Punkte (90)
Gesamtpuntkzahl	______ **Punkte (750)**

Erreichte Punktzahl:	Die folgenden Erläuterungen geben lediglich Anhaltspunkte. Für weiteres Nachsinnen und oder freudige Luftsprünge sollten Sie sich genügend Raum und Zeit geben.
0 – 200 Punkte	Ihnen wird es gut tun, sich mit den Inhalten dieses Buches zu beschäftigen. Freuen Sie sich auf baldige Erfolgserlebnisse und achten Sie darauf, dass, während Sie das Buch durcharbeiten, keine unwillkommenen Störungen auftreten. Nehmen Sie sich Zeit und üben Sie konzentriert.
201 – 460 Punkte	Sie sind auf dem richtigen Weg und wissen, dass es da noch einiges zu entdecken gibt. Schnell werden Sie das im Buch Gelesene in Ihren Alltag integrieren und Erfolgserlebnisse haben. Die Errungenschaften des geistigen Fitnesstrainings werden Ihren Mitmenschen zwar nicht gleich auffallen, aber nach ein paar Wochen Training ernten Sie Begeisterung in Ihrem Bekanntenkreis.
461 – 610 Punkte	Eigentlich benötigen Sie nicht unbedingt das vorliegende Buch. Sie sind fähig, die naturgegebenen geistigen Fähigkeiten und Werkzeuge schon gut für sich zu nutzen. Dennoch hoffen wir, Ihnen in diesem Buch noch Neuigkeiten und Interessantes zu bieten, und freuen uns, wenn Sie weiterlesen.

611 – 750 Tja, Sie sollten sich überlegen, ob Sie die Zeit in dieses Buch investieren wollen oder ob Sie nicht lieber darüber nachdenken, an wen Sie das Buch verschenken sollten, damit Sie sich an deren Erfolgen erfreuen. Sie können das Buch aber auch durcharbeiten, denn es beschäftigt sich ja nicht nur mit dem Gedächtnis und der Konzentrationsfähigkeit, sondern es liefert Ihnen wichtige Tipps zur Erhaltung Ihrer Gesundheit. Viel Spaß!

Einführung und erste nützliche Hinweise

Wenn Sie Augen, Nase, Mund und Ohren aufsperren, wenn Sie es schaffen, voll und ganz in dem aufzugehen, was Sie tun, dann sind Sie wie ein Kind, das neugierig und voller Tatendrang in die Welt der Möglichkeiten und Chancen blickt – und dann brauchen Sie sich um Ihre Fortschritte und Ihr Gedächtnis keine Sorgen zu machen.

Sie werden entdecken, dass Lernen ein elementares Bedürfnis ist und dass der Entdeckergeist jedem lebendigen Wesen innewohnt.

Wenn Sie ganz im „Hier und Jetzt" sind, kommt hinzu, dass sich Ihr Denken und Erinnern fast automatisch von Altlasten befreit, weil es im Voranschreiten die größte Freude entdeckt und Grübeln als Behinderung erkennt.

Wenn Sie auf Ihrem Lebensweg dennoch ins Stocken geraten, dann sollten Sie die Gelegenheit nutzen, um Ihre Situation zu überprüfen. Dann gilt es herauszufinden, was noch stimmig ist, was zu Ihnen gehört und was Sie verändern oder loslassen müssen.

Eine alte Weisheit sagt: Love it, change it or leave it.

Manchmal ist es so, dass nichts mehr in unser Gedächtnis passt, weil es voller Müll steckt oder weil wir es mit den Anforderungen überlastet haben. Die Reiz- und Informationsüberflutung leistet dazu einen großen Beitrag. Geistiger Hausputz und Ballast abwerfen – das ist dann dringend erforderlich und viel wichtiger als irgendeine andere Gedächtnistechnik.

Sich dann genügend Raum zu geben, ja, sich vielleicht sogar für längere Zeit einmal zurückzuziehen, in die eigenen vier Wände, auf eine Berghütte oder in die immer beliebter werdenden Klöster, das kann uns helfen, gereift, weise und mit neuer Kraft die nächsten Schritte zu tun.

Werden Sie ein Forscher, ein Entdecker und ein Künstler. Begeistern Sie sich für Ihre individuellen Möglichkeiten, Ihr Leben zu entfalten und Ihre ganz persönlichen Anlagen zu vervollkommnen. Dadurch werden Sie wachsen und größten (inneren und äußeren) Reichtum ernten.

Fehler unterstützen unsere Lernprozesse, sie sind willkommene Freunde auf dem Weg und sie geben uns nützliche Hinweise. Wie sagte neulich mein Freund Reinhard Lier so treffend: „Durch Umwege lernt man die Landschaft kennen."

Fangen Sie an, sich an den Herausforderungen der Gegenwart zu erfreuen. Jede Prüfung bringt Sie weiter, ob Sie gewinnen oder verlieren, ist dabei zweitrangig.

Vor über 35 Jahren sorgte der Amerikaner Harry Lorayne mit seinen Büchern und Auftritten dafür, dass sich eine zunehmende Zahl von Menschen für das Thema Gedächtnistraining interessierte. Harry Lorayne schafft es z.B., sich mehrere hundert Namen und Gesichter beliebiger Personen einzuprägen und sich auch nach Tagen wieder an die Namen und persönlichen Daten zu erinnern.

Nicht nur in Tageszeitungen, sondern auch in Fernsehshows zeigten sich in den letzten Jahren zunehmend Personen mit besonderen geistigen Fähigkeiten. Sie können sich Namen, Gesichter, Jahreszahlen und ganze Buchseiten einprägen und diese Informationen wie auf Knopfdruck wieder aus dem Gedächtnis abrufen.

Was früher als Geheimtechnik der Gedächtniskünstler galt, finden wir heute in unzähligen Büchern, Vorträgen und Seminaren wieder. In diesem Buch haben nach unserem aktuellen Wissensstand alte Weisheiten und neue Erkenntnisse der Lern- und Konzentrationskunst für Sie, liebe Leser, auf einen effizienten Nenner gebracht. Sie können mit diesen Methoden ihre mentale Effizienz um ein Vielfaches steigern. Geistige Präsenz, mentale Frische, Intuition und Kreativität sind Erfolgsgaranten für Schüler genauso wie für Angestellte, Unternehmer und Selbstständige aus allen Berufssparten. Das Gute ist, dass geistige Fähigkeiten trainierbar sind wie ein Muskel. Übung macht den Meister. Lernen ist Freude.

Vor Jahren war es nur in wenigen Unternehmen üblich, „geistige Fitness" unter professioneller Anleitung zu trainieren. Heute ist allgemein bekannt, dass Gedächtnistraining mehr ist als Mnemotechnik, Zauberei und positives Denken. Gedächtnistraining wurde zu einem Erfolgsfaktor und Mentaltraining ist aus dem Spitzensport und dem Topmanagement nicht mehr wegzudenken.

Auch wenn die Gehirnforschung noch in den Kinderschuhen steckt, wissen wir sehr wohl, wie die ca. 90 Milliarden Neuronen unseres Gehirns arbeiten und wie sie günstig zu beeinflussen sind. Gedächtnistraining ist hoch im Kurs. Was vor Jahren noch als exotisches Seminarthema galt, entwickelte sich zu einem Basistraining in führenden Unternehmen und mittlerweile auch zunehmend in Kleinbetrieben.

Denn wer weiß, wie Lernen funktioniert und wie geistige und körperliche Ressourcen zielgerichtet genutzt werden können, der genießt einen deutlichen Vorsprung gegenüber denen, die der natürlichen Erhaltung ihrer Anlagen lediglich vertrauen, anstatt ihre Fähigkeiten auszuschöpfen und in den alltäglichen Aufgaben und Zielsetzungen bewusst einzusetzen und zu trainieren.

Es soll im ersten Teil dieses Buches darum gehen, Ihnen Erfolgserlebnisse zu vermitteln. Sie, liebe Leser, sollen motiviert werden, Ihre wunderbaren Anlagen zu nutzen. Im weiteren Verlauf führen wir Sie dann auch zu umfassenderen und ganzheitlichen Ansichten und Zusammenhängen. Eine Basistechnik des Gedächtnistrainings ist das bildhafte Denken. Ein chinesisches Sprichwort lautet: „Ein Bild sagt mehr als tausend Worte." Tatsache ist, dass alles, was wir einmal gesehen haben oder wovon wir ein inneres Vorstellungsbild besitzen bzw. erzeugen können, die Tendenz hat, sich in unserem Gedächtnis zu speichern. Beim bildhaften Denken arbeiten automatisch mehrere Gehirnareale zusammen.

Durch „Bilderdenken" entsteht ein leistungsfähiges Informationsnetzwerk in unserem Gedächtnis. Kinder besitzen die Fähigkeit des bildhaften Denkens noch ca. bis zu ihrem siebten Lebensjahr, danach gerät sie langsam, aber sicher in Vergessenheit oder tritt in den Hintergrund. Mit dem Verschwinden des bildhaften Denkens verringert sich meist auch der Zugang zu Fantasie, Kreativität und Intuition. Durch das bildhafte Denken lernen Kinder die Muttersprache und die grundlegenden Begriffe des Lebens auf spielerische Art und Weise. Als Erwachsene haben wir die Fähigkeit, in Bildern zu denken, vielfach verlernt. Aber dies lässt sich wieder aktivieren – und mit diesem Buch wollen wir einen entscheidenden Beitrag dafür leisten, dass Sie wieder ein Bildermensch werden.

Grundsätzlich gehen wir davon aus, dass der Mensch lernwillig und lernfähig ist; dass er bestrebt ist, sein Wissensnetz ständig zu erweitern. Bis ins höchste Alter werden unsere Fähig- und Fertigkeiten ständig optimiert. Voraussetzungen, damit das auch gelingen kann, sind eine positive Lebenseinstellung und eine stimmige Lebensweise, die der Gesunderhaltung dient, vorhandene Potenziale fördert und zielorientierte Motivation zulässt.

Einstellungen und Gedanken zur Erhaltung und Optimierung Ihrer geistigen Fähigkeiten

- Denken, Lernen und Vergessen sind Grundfähigkeiten. Sie müssen gelebt und können trainiert werden. Durch regelmäßige Anwendung werden sie geschärft wie ein Messer.
- Unsere Einstellungen, Gedanken und Interessen schaffen einen Fokus, der jeweils Türen zu den ihnen entsprechenden Erfahrungsbereichen eröffnet. Wer mit dem Vergessen rechnet, wird Erinnern kaum erfahren können.
- Fähigkeiten entwickeln sich durch unsere Aufgaben. Große Ziele geben uns große Chancen für unser persönliches Wachstum.
- Das Gedächtnis ist trainierbar wie ein Muskel. Wer rastet, der rostet. Wer seine **geistige Fitness** bis ins hohe Alter erhalten will, muss immer wieder neue Interessengebiete entdecken und Neuland suchen.
- Vitalstoffreiche Ernährung – in vielen Fällen auch Nahrungsergänzung – und ausreichend Flüssigkeitszufuhr in Form von Wasser (ca. zwei Liter pro Tag) spielen eine wesentliche Rolle für die Erhaltung und Optimierung der körperlichen Gesundheit und geistigen Leistungsfähigkeit.
- Ein Wechselspiel aus Anspannung und Entspannung, genügend Bewegung und eine positive Lebenseinstellung ermöglichen geistige Höchstleistungen.
- Intuition, Genialität und Kreativität wohnen in den Freiräumen unseres Geistes. Es ist wichtig, nicht bis an die Grenzen der Gesundheit zu gehen, sondern schon früh und in kurzen Zeitabständen für Ruhe, Ausgleich, Entspannung zu sorgen. Schwimmen, Jogging, autogenes Training oder Yoga sind einige wenige Möglichkeiten, ausgleichend auf uns zu wirken und unserem Geist wieder Flügel wachsen zu lassen.
- Wir sollten positiv über unser Gedächtnis denken, denn es ist unser bester Freund und es wird bestrebt sein, unserer Geisteshaltung und Erwartung zu entsprechen.

Folgende Geschichte, gibt Ihnen ein Beispiel für die Wunderkraft der Gedanken
Herr Roller war Teilnehmer eines Vortrages, den ich kürzlich auf der Insel Reichenau am Bodensee gehalten habe. Es ging um die Kraft der Suggestion und des Glaubens. Er erzählte, dass er als Kind unter Sprachstörungen litt und bei ganz bestimmten Worten immer wieder ins Stottern kam. Sein Lehrer gab ihm damals den Auftrag, all die Wörter auf ein Papier zu notieren, die ihm Schwierigkeiten bereiteten. Nachdem das Blatt vollgeschrieben war, brachte Herr Roller es dem Lehrer. Dieser sagte ihm: „Ich werde dieses Blatt nun vor deinen Augen verbrennen – danach wirst du diese Worte ganz normal aussprechen können.“ Er hat seither nicht mehr gestottert.

Vielfach haben wir in Schule, Ausbildung und Beruf negative Erfahrungen in puncto Lernen gesammelt. Diese Erfahrungen blockieren unser Denken und können Stressreaktionen auslösen. Wir möchten Ihnen wieder Zugang zur Lernfreude schenken. Der Kopf wird frei. Viele Menschen drohen in der täglichen Informationsflut zu ersticken. Sie benötigen Hilfestellungen, um diese Informationsmengen bearbeiten zu können und Wesentliches von Unwesentlichem zu unterscheiden.

Was erwartet Sie auf den folgenden Seiten?

Wir versuchen, ganzheitliche Zusammenhänge zwischen Körper, Geist und Seele aufzuzeigen. Unseren Ausführungen folgen Übungen, welche den praktischen Einsatz des Gelernten demonstrieren. Brain-Gymnastik, Entspannungs- und Konzentrationsübungen lockern das Buch auf und schaffen eine gute Basis, das Gelernte zu vertiefen. Unsere Instrumentarien setzen sich aus verschiedenen Bereichen wie z.B. NLP, Mentaltraining und Kinesiologie zusammen. Großen Wert legen wir auf die Förderung des bildhaften und assoziativen Denkens. Hier liegen auch die direkt messbaren Erfolge für Sie, sofern Sie bereit sind, gerade die Übungen im ersten Teil durchzuführen. Praktische Gesundheitstipps runden das Thema ab und helfen Ihnen auch in anderen Lebensbereichen.

Welchen Nutzen haben Sie als Leser dieses Buches?

Während Sie mehr und mehr Ihren Denk- und Wahrnehmungsapparat in Besitz nehmen, entdecken sie eine Vielzahl von Möglichkeiten, ihre **geistige Fitness** zu trainieren. Sie finden Lernfreude, haben Erfolgserlebnisse und steigern zudem ihre Konzentrationsfähigkeit. Der Zugang zum fotografischen Gedächtnis eröffnet Ihnen neue Dimensionen des Lernens und Erinnerns. Eine der wesentlichen Erkenntnisse, die Sie haben werden: Lernen kann Freude machen.

Sind irgendwelche Grundkenntnisse erforderlich?

Nein, jeder der ein Gehirn hat, kann dieses Buch lesen. **Die Techniken sind einfach** zu erlernen und erfordern lediglich etwas Offenheit für kreative und spielerische Dimensionen des Denkens. Übrigens: Schon **Leonardo Da Vinci** sagte:

„Einfachheit ist die höchste Stufe der Vollendung."

Schlummernde Potenziale

Wenn wir einmal annehmen, dass ein Mensch körperlich, geistig und seelisch gesund ist, dann können wir auch davon ausgehen, dass er ein gutes Gedächtnis hat. Denn von Natur aus besitzt jeder Mensch ein grenzenloses Potenzial an Speicherplätzen. Wir möchten vermeiden, das Gehirn mit den Leistungsmerkmalen moderner Computer zu vergleichen. Denn im Wandel der Computertechnologie wären die Vergleiche bis zum Erscheinen dieses Buches schon wieder veraltet. Eines ist klar: Den menschlichen Fähigkeiten sind nur durch die Art und Weise des Denkens Grenzen gesetzt.

Nur so viel sei an dieser Stelle noch erwähnt:

- In unserem Gehirn vereinigen sich ca. 90 Milliarden Neuronen (Gehirnzellen) zu einer Schaltzentrale unvorstellbaren Ausmaßes. Ob Denken tatsächlich auch im Gehirn stattfindet, konnte bis heute nicht bewiesen werden. Man fand heraus, dass das Gehirn bei bestimmten Denkoperationen in speziellen Bereichen Aktivitäts-potenziale aufzeigt, was jedoch nicht beweist, dass dort auch gedacht wird.

Das Erstaunliche ist:

- In jeder Körperzelle befindet sich die gesamte Erbinformation des Menschen. Jede Zelle wäre im Prinzip in der Lage, alle Funktionen der restlichen Körperzellen auszuführen. Sie könnte sowohl Auge als auch Ohr, Gehirn oder Leber sein. Aber sie hat sich eben entschieden, ihre spezielle Aufgabe zu erfüllen.
- Alle ca. 100 Billionen Körperzellen stehen miteinander in Kontakt. Über das Säftesystem, über die Nervenbahnen, über Lichtimpulse oder über heute noch nicht bekannte Leitungen tauschen sie Informationen aus. In einem Gespräch mit Johannes Holler, Autor des Buches *Das neue Gehirn*, haben wir erörtert, dass Denken und Gedächtnis in jeder Zelle stattfindet und dass sich Wissen sowohl in den Händen als auch im Gesicht, in den Füßen, der Haut, den Knochen, ja, einfach überall befinden muss. Es ist ein multidimensionales Netzwerk aus Lern- und Lebensfreude.

Und da klagen wir über ein schlechtes Gedächtnis? Das kann nicht mit natürlichen Dingen zugehen. Sagen wir lieber:

Jeder hat ein gutes Gedächtnis, die Frage ist nur: Für was?

Wir können uns alles einprägen, was uns tatsächlich interessiert! Wenn die Informationen dann noch von lebenswichtiger Bedeutung sind und uns eine Zunahme von Lebensfreude, Gesundheit und Glück versprechen, dann arbeitet unser Biocomputer auf Hochtouren. Wo unsere Aufmerksamkeit hingeht, da sind unsere Fähigkeiten. Dort, wo Freude und Begeisterung wohnt, sind wir im Einklang mit unseren Potenzialen – und diese stehen uns auch in unserer Lebenspraxis zur Verfügung. Oder: Durch das Training bestimmter Denkweisen und durch die ständig sich wiederholende Praxis ausgewählter Tätigkeiten werden wir zu Spezialisten.

Wo die Lust ist,
da wohnt die Freude.
Wo die Freude ist, da wohnt mein Können.
Oftmals ist es erforderlich, vieles zu entdecken,
zu erleben und zu erfahren, um dann zu wissen,
worin die eigene Berufung liegt.

Im Laufe der nächsten Kapitel wollen wir folgenden Fragen nachgehen:

- Wo und wie denkt der Mensch?
- Welche Potenziale schlummern noch in uns und wie können wir sie aktivieren?
- Wie lassen sich das Gedächtnis und die Konzentrationsfähigkeit trainieren?
- Was können wir tun, um unser Gehirn gesund und leistungsfähig zu erhalten?
- Lässt die Erinnerungsfähigkeit im Alter nach?
- Welche Techniken und Methoden sind geeignet, um eine optimale Nutzung sowohl beruflich als auch privat zu erreichen?

Durch praktische Übungen werden wir feststellen, wie Gedächtnistraining zu erstaunlichen Resultaten führt. Doch zuvor ein kleiner Test, damit Sie sehen, wie gut oder schlecht Ihr Gedächtnis momentan funktioniert.

Gedächtnistest 1

Nehmen Sie sich zwei Minuten Zeit und versuchen Sie, sich folgende 20 Begriffe einzuprägen: Schuhkarton, Goldhamster, Nektarinen, Sonnenbrand, Tisch, Konzentration, Kerzenständer, Delfin, Rucksack, Stereoanlage, Haar, Bilderrahmen, Kohlensack, Auto, Schrank, Wasserfall, Gitarre, Professor, Hut, Baum. Decken Sie die oberen Zeilen zu und versuchen Sie, sich an die 20 Begriffe zu erinnern! Beherrschen Sie auch die Reihenfolge?

1	11
2	12
3	13
4	14
5	15
6	16
7	17
8	18
9	19
10	20

Nun überprüfen Sie Ihr Ergebnis und ergänzen die Lücken.

An wie viele Begriffe konnten Sie sich erinnern?

An dieser Stelle verraten wir Ihnen auch, dass Sie bereits mit sieben Begriffen zu den erfolgreichen Gehirnbesitzern gehören, obwohl wir Sie noch nicht zu den Gedächtniskünstlern zählen.

Warum gerade die Zahl 7?

Bei wissenschaftlichen Untersuchungen wurde festgestellt, dass wir uns, sofern wir keine besondere Methodik anwenden, ca. sieben Begriffe, Erledigungen oder Zahlen spontan einprägen können. Zahlen, die bis zu sieben Stellen haben, machen uns ebenfalls keine Mühe. Sind die Kunden-, Artikel- und Telefonnummern jedoch länger, bekommen wir in der Regel schon Schwierigkeiten.

Tipp: Gliedern Sie vielstellige Zahlen, umfassende Daten und Fakten in kleine, überschaubare Gruppen. Denn: Ihr Gehirn verarbeitet gerne kleine Genuss-Häppchen.

Wenn Sie mehr als sieben Begriffe wussten, dann finden Sie jetzt einmal heraus, wodurch diese besondere Leistung möglich war!

- Vielleicht haben Sie die Begriffe zu einer zusammenhängenden Geschichte verknüpft?
- Oder haben Sie die Dinge vor Ihrem inneren Auge visualisiert und sie in den Zimmern Ihrer Wohnung verteilt?
- Oder waren Sie einfach in der Erwartung, dass es Ihnen gelingt, und haben mit dieser Einstellung schon einmal mögliche Stressfaktoren ausgeschaltet, die Blockaden auslösen könnten, und Ihren Geist und Ihr Hirn auf Erfolg programmiert.

Von Marcus Tullius Cicero, römischer Politiker, Schriftsteller und Redner ist bekannt, dass er seine großen Reden ohne Manuskript gehalten hat und dass er nie den Faden verlor. Er hat sich die wesentlichen Inhalte seiner Reden bildhaft vorgestellt und sie jeweils mit den örtlichen Gegebenheiten seiner Wohnung verknüpft. Wenn er dann im Vortragssaal stand, ging er gleichzeitig gedanklich durch seine Wohnung und konnte so die Gliederung und die Informationen für seine Rede bildhaft auf seinem inneren Bildschirm abrufen.

Es könnte sein, dass Sie bei dem Test auf der vorigen Seite bereits mit einer solchen oder ähnlichen Methode gearbeitet haben. Wir werden später auf die Methode des bildhaften Denkens und Assoziierens zurückkommen. Doch jetzt wollen wir Sie erst einmal zu einer kleinen Reise in das menschliche Gehirn einladen.

Das menschliche Gehirn

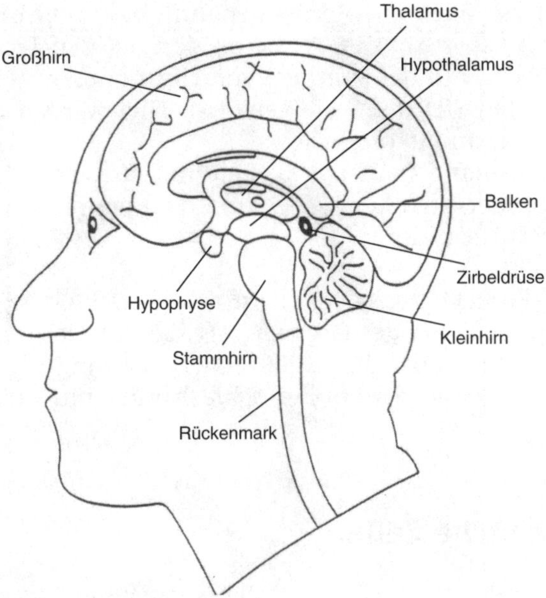

- **Das Großhirn** (Cerebrum) besteht aus vielschichtigen Lagen von Nervenzellen. Es teilt sich in zwei Hälften (Hemisphären), welche durch ein Faserbündel, den Balken (Corpus callosum) miteinander verbunden sind. Die beiden Gehirnhälften haben spezifische Funktionen und Begabungen entwickelt.
- **Das Kleinhirn** kontrolliert das Gleichgewicht und koordiniert Bewegungsabläufe.
- **Der Hypothalamus** reguliert verschiedene Körperfunktionen wie Essen, Schlafen, Körperrhythmen, Temperatur, Sex; insbesondere wirkt er auf den Herzrhythmus, die Atmung, die Zusammensetzung des Blutes und die Drüsenfunktion.
- **Der Thalamus** ist das wichtigste Kerngebiet des Gehirns; es ist die Schaltzentrale für sämtliche Sinneswahrnehmungen.
- **Die Hypophyse** ist die Hauptdrüse des Körpers – die Chefin des Hormonsystems. In Zusammenarbeit mit dem Hypothalamus wird der Hormonhaushalt geregelt. So wird jedes Organ, jede Drüse, jede Körperzelle in ihrer Funktion angeregt oder gebremst.
- **Das Stammhirn** regelt den Kreislauf, die Atmung, die Verdauung.

- **Das Limbische System** ist eine Ansammlung von Knoten und Verbindungen, die auf Gefühle reagieren. Vergnügen und Belohnung, Schmerz und Bestrafung, Furcht, Wut und sexuelles Verhalten werden ausbalanciert. Dieses System reagiert auf Vorstellungsbilder und stellt den direkten Kontakt zum vegetativen Nervensystem her.
- **Die Epiphyse**, auch Zirbeldrüse genannt, bestimmt in gewissem Sinne unseren Lebensrhythmus. Sie reagiert auf den Lichtwechsel von Tag und Nacht mit der Synthese von Hormonen und wurde in alten Zeiten für den Sitz der Seele gehalten. Hier werden z.B. Melatonin und Freudehormone produziert.
- **Das Rückenmark** stellt die Verbindung zwischen dem Zentralnervensystem (ZNS) und dem peripheren Nervensystem her.

Interessante Entdeckungen von Aristoteles: „Das Gehirn ist ein unbedeutendes Organ." „Als Sitz der Seele und der Herrschaft über die willkürliche Bewegung – mehr noch: der Nervenfunktionen schlechthin – muss das Herz angesehen werden."

Die menschliche Zelle

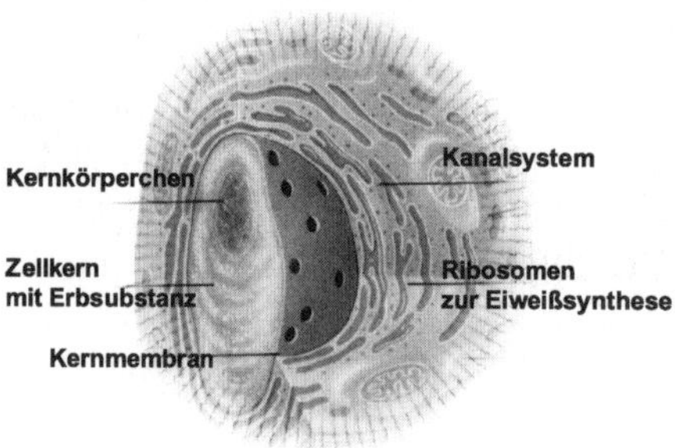

Jede Zelle eines Menschen (ausgenommen die roten Blutkörperchen) enthält alle Informationen, die nötig sind, um spezifische Zellfunktionen zu ermöglichen und um aus Geweben und Organen einen funktionierenden Organismus entstehen zu lassen. Etwa 70 Billionen Zellen gewährleisten nicht nur das Überleben, sondern auch das Erlernen von Fähigkeiten und Fertigkeiten. Der vollständige Bauplan, das menschliche Genom, befindet sich genau gesagt im Zellkern (ausgenommen bei den roten Blutkörperchen). In den jeweils 23 Chromosomen von Mutter und Vater sind sämtliche Erbinformationen gespeichert. Die insgesamt 46 Chromosomen ergeben eine Länge von fast zwei Metern. Die Erbsubstanz nennt sich DNA oder wie früher DNS (Desoxyribonukleinsäure).

Wir erkennen also, dass jede menschliche Zelle über eine unvorstellbare Datenmenge verfügt. Können wir da noch davon ausgehen, dass lediglich das Gehirn für die Speicherung zuständig ist? Nein, wir müssen den ganzen Menschen einbeziehen. Jeder Körperteil, jedes Organ, einfach alles, was den Menschen ausmacht. **Unser Gedächtnis ist überall.**

Zwei Hirne wohnen in unserem Kopf

So wie viele Dinge eine Dualität kennzeichnet, sei es nun Tag und Nacht, Yin und Yang, Verstand und Intuition, Logik und Gefühl oder links und rechts, so weist auch unser Gehirn eine solche Polarisierung auf.

- **Die linke Hemisphäre** ist vorwiegend verantwortlich für analytisches Denken, für Sprache, logisches Denken. Sie verarbeitet Informationen linear wie ein Computer – sie gliedert und strukturiert.
- **Die rechte Hemisphäre** ist verantwortlich für unser visuelles Gedächtnis, unsere Orientierung im Raum, für künstlerische Fähigkeiten, Gefühle und Emotionen, Körperbewusstsein und Erkennen von Gesichtern. Sie ist aktiv, wenn wir Informationen aus der Vogelperspektive als Ganzes betrachten und simultan verarbeiten.

Die Spezialisierung der Hemisphären

Wie Sie aus dem Schaubild entnehmen können, sind unsere Arme und Beine über die Nervenbahnen jeweils mit den gegenüberliegenden Hemisphären verbunden. Die rechte Gehirnhälfte steuert die linke Körperseite und umgekehrt. Gleichzeitig ist es auch so, dass wir durch bewusste Aktivitäten und Bewegungen von Armen und Beinen jeweils die gegenüberliegenden Hemisphären stimulieren können. Hinweis: Über diese Zusammenhänge erfahren Sie noch mehr im Kapitel „Geistig fit mit Kinesiologie“ (S. 171).

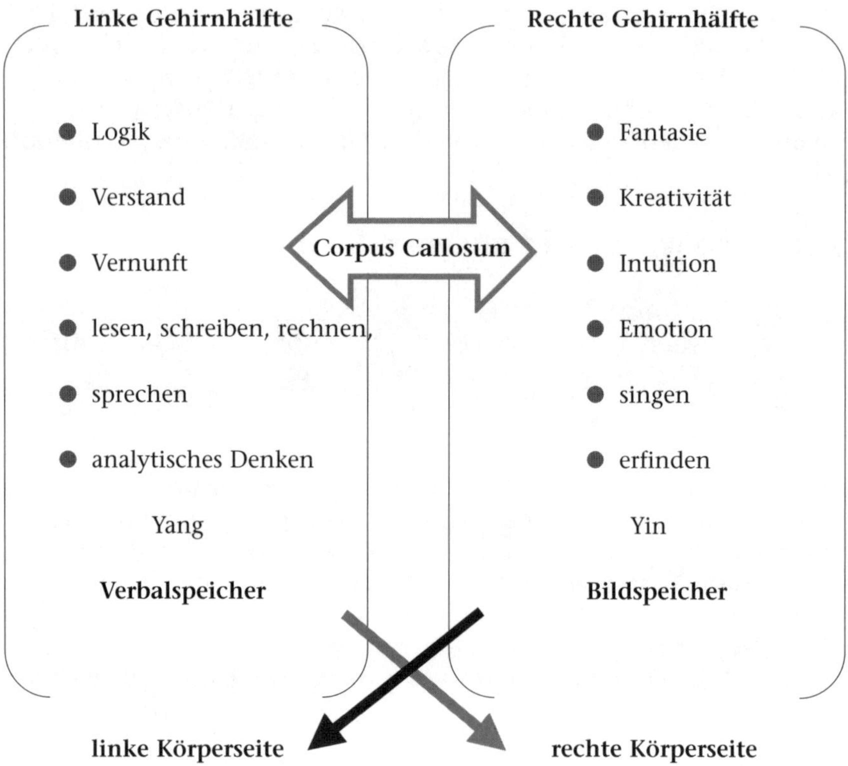

Wir sind Spezialisten!

Rechtshänder nutzen tendenziell eher die linke Gehirnhälfte, wobei Linkshänder von Natur aus einen besseren Draht zur rechten Hemisphäre besitzen.

Wir wollen diese Unterschiede jedoch nicht überbewerten. Es kann auch sein, dass Sie, obwohl Sie Rechtshänder sind, eine bessere Verbindung zu den kreativen Potenzialen entwickelt haben. Durch den Corpus callosum (Balken) sind alle Neuronen miteinander vernetzt. Aber eines ist auf jeden Fall klar:

> Einseitige Tätigkeiten fördern einseitige Begabungen. Wir werden zu Spezialisten. Das ist wunderbar so. Gleichzeitig ist es jedoch wichtig, immer wieder Neuland zu betreten, gerade einmal andersherum zu denken oder einfach einmal einen Kopfstand zu machen.

Es geht darum, Neuland zu betreten

Wenn wir immer nur das tun, was wir immer schon getan haben, werden wir auch die Person bleiben, die wir immer schon waren.

Unser Gehirn benötigt neue Reize. Durch neue Bewegungsabläufe können wir aus alten Mustern heraustreten und neue Denk- und Verhaltensweisen entdecken und entwickeln.

Rechtshänder und Linkshänder sind durch ihre bevorzugten Bewegungsabläufe (rechts oder links) spezialisiert und nutzen tendenziell auch eher die Eigenschaften und Fähigkeiten der jeweils gegenüberliegenden Hemisphäre.

Lassen Sie uns gleich einmal ausbrechen aus den vorgegebenen Denk- und Bewegungsmustern, die ja, wie schon bemerkt, zusammenhängen. Wir laden Sie ein, jetzt gleich einmal mit Ihrer nicht üblichen Hand zu schreiben und zu malen. Beobachten Sie dabei, wie es sich für Sie anfühlt, aber bewerten Sie das, was Sie tun, nicht mit Ihrer linken Gehirnhälfte. Tun Sie es einfach, ohne darüber nachzudenken oder zu urteilen. Es gibt keine Qualitätsmaßstäbe!

Übung: Schreiben mit der nicht üblichen Hand

- Ihren Vor- und Zunamen ______________________________
- den Buchtitel ______________________________
- den Wochentag ______________________________
- das Datum ______________________________

Skizzieren Sie (mit der nicht üblichen Hand) nun ein Bild von sich persönlich und malen Sie dazu ein Haus mit einem Zaun; einen Teich, ein Auto und einen Hund in den vorgegebenen Bereich. Es muss nicht „schön“ sein. Viel wichtiger ist, dass Sie es tun!

Na, wie haben Sie sich dabei gefühlt? Eines ist sicher, Sie können mit solchen Übungen die üblichen Denk- und Kreativkanäle verlassen und nach neuen Erfahrungsmöglichkeiten suchen bzw. neue Kanäle für sich eröffnen. Überlegen Sie einmal, was Sie im Alltag ab und zu andersherum tun könnten, ohne dass Sie dabei sich und andere gefährden, indem Sie beim Essen gleich Messer und Gabel vertauschen.

Die großen Schätze sind meist nicht dort zu finden,
wo wir sie suchen.

Indem Sie das Unübliche tun und Ihre Komfortzone verlassen, verbinden Sie sich mit Ihren schöpferischen Potenzialen und entwickeln neue Fähigkeiten.

Finden Sie fünf Tätigkeiten,

die Sie zur Abwechslung einmal mit Ihrer nicht üblichen Hand ausführen können. (Wie wäre es z.B. mit Zähneputzen oder Telefonieren?)

1. ______________________________
2. ______________________________
3. ______________________________
4. ______________________________
5. ______________________________

Es macht viel Sinn, ab und zu den Standort des Telefons oder des Taschenrechners zu verändern, damit es bzw. er mit der nicht üblichen Hand bedient werden muss. Sie werden staunen, wie schnell Ihr Gehirn und Nervensystem sich umstellen.

Der Mensch hat die größte Freude an dem, was er neu dazulernt. Tun Sie ihrem Gehirn doch den Gefallen und finden Sie zusätzlich zu Ihrem Alltagsprogramm neue, interessante Betätigungsfelder. Lernen Sie, neue Standpunkte einzunehmen und neue Perspektiven zu sehen.

Entspannung – ein wichtiges Element geistigen Trainings

Im Normalfall sind unsere Wahrnehmungsorgane ständig damit beschäftigt, inneren und äußeren Impulsen nachzugehen. So gibt es kaum einen Moment, in dem wir nichts denken. Heutzutage werden wir mit Sinnesreizen überflutet, ohne diese unzähligen Informationen tatsächlich verarbeiten zu können. Unsere wertvolle geistige Energie ist gebunden und fehlt für die wirklich wichtigen Denk- und Lösungsprozesse. Um der ständigen Informationsüberflutung Herr zu werden, können Sie sowohl zu Hause als auch an Ihrem Arbeitsplatz eine einfache Übung praktizieren. Sie benötigen lediglich ein paar Minuten Zeit. Wenn Sie im Büro sind, geben Sie im Sekretariat entsprechend Bescheid oder hängen Sie ein Türschild auf, damit Sie wirklich ungestört bleiben.

Übung: Die Ruheminute

So beginnen Sie die Übung: Sitzen Sie möglichst aufrecht und bequem auf Ihrem Stuhl. Spannen Sie für einen Moment sämtliche Muskeln Ihres Körpers an, schneiden Sie auch einige Grimassen und entspannen Sie sich dann wieder. Schließen Sie Ihre Augen und stellen Sie sich darauf ein, dass mögliche Geräusche, die vorhanden sind oder auftauchen könnten, willkommene Begleiter sind und Ihre Konzentration sogar noch fördern.

Manchen Menschen genügen zwei bis drei Minuten, andere verweilen auch länger in der Entspannung. Oft geht die Ruheminute in eine kreative Denkphase über, aus der Sie nicht nur erholt, sondern auch mit neuen Ideen und einer großen Portion Motivation zurückkehren.

Wie oft legt man eine Ruheminute ein? Prof. Tepperwein sagte einmal in einem seiner Vorträge, dass wir uns stündlich erlauben sollten, für einige Minuten in die Stille zu gehen. Probieren Sie es aus und finden Sie Ihren eigenen Rhythmus und das für Sie geeignete Maß.

> Lassen Sie Gedanken kommen und gehen,
> ohne sie zu bewerten.
> Beobachten Sie den Fluss Ihres Atems und lassen Sie ihn kommen und gehen, ohne ihn zu lenken.

So beenden Sie die Übung: Bevor Sie nach einigen Minuten aus dieser Ruhe zurückkehren, stellen Sie sich bereits innerlich darauf ein, dass Sie nach dem Öffnen der Augen wieder vollkommen wach sind und sich frisch, wohl und munter fühlen.

Diese einfache Übung bringt Sie zur Ruhe und hilft Ihnen, bei sich anzukommen und Ihre Energien wieder zu bündeln. Sie kommen in der eigenen Mitte an und können von dort aus wieder gestärkt zur Verrichtung Ihrer beruflichen und privaten Aufgaben starten. Zudem erfährt Ihr Körper eine tiefe Erholung und Sie fühlen sich seelisch gestärkt.

Besser lernen und erinnern

Fantasie ist die Mutter des Gedächtnisses

Lernen bedeutet: Neues mit bereits Bekanntem zu verknüpfen. Die Fähigkeit, Informationen miteinander zu verbinden, sie in bereits vorhandene Denkmuster zu integrieren und zu vernetzen, ist Grundvoraussetzung für ein gutes Gedächtnis.

Im Alltag und vor allem beim Lernen verbinden wir ständig Neues mit bereits Bekanntem. Dies geschieht meist unbewusst.

Übung: Verknüpfungen herstellen

Versuchen Sie einmal, zwischen folgenden Begriffen (jeweils paarweise) Assoziationen herzustellen oder Eselsbrücken zu bauen. Vielleicht sehen Sie einen Chemiker, der mit einem hochexplosiven Stoff auf dem Skateboard durch das Labor rast. Seien Sie bei Ihren Verknüpfungen so spontan und so kreativ wie möglich. Versuchen Sie auch, alle Sinne (sehen, hören, riechen, schmecken, tasten) mit einzubeziehen.

Chemiker	–	Skateboard
Dinosaurier	–	Mond
Schreibtisch	–	Kerze
Bäcker	–	Ballon
Delfin	–	Sandkasten
Wurm	–	Schokolade
Sofa	–	Krawatte
Katze	–	Fernseher
Kugelschreiber	–	Rose
Kellner	–	Banane

Gehen Sie immer paarweise vor und decken Sie zur Überprüfung dann eine Seite ab.

Sie werden staunen, wie leicht Sie sich an den jeweils zweiten Begriff erinnern können.

Nun decken Sie die Liste zu und versuchen, die Verknüpfungen schriftlich festzuhalten.

Chemiker	–	________________
Dinosaurier	–	________________
Schreibtisch	–	________________
Bäcker	–	________________
Delfin	–	________________
Wurm	–	________________
Sofa	–	________________
Katze	–	________________
Kugelschreiber	–	________________
Kellner	–	________________

Dies ist ein wichtiger Schritt im Gedächtnistraining. Denn Sie lernen wieder, Begriffe in Bilder umzuwandeln. Eine Fähigkeit, die Sie als Kind spielerisch beherrschten und die Ihnen große Lernerfolge beschert hat. Im Seminar widmen wir dieser Technologie sehr viel Raum, um die schlummernden kreativen Potenziale wieder zu aktivieren und praktisch zu nutzen. Das Denken in Bildern und das Kreieren spontaner Assoziationen macht zudem sehr viel Spaß und bringt messbare Erfolgserlebnisse für unser Gedächtnis.

Bevor wir mit dem bildhaften Denken fortfahren, möchten wir Sie darauf aufmerksam machen, dass es ganz bestimmte Kanäle gibt, über die wir Informationen aufnehmen können, und dass es wichtig ist, sie offen zu halten und für ihre Gesundheit zu sorgen.

Die Eingangskanäle für Informationen

Bevor Informationen verarbeitet werden können, müssen sie wahrgenommen werden. Unser Körper stellt uns hierfür mehrere Eingangskanäle zur Verfügung.

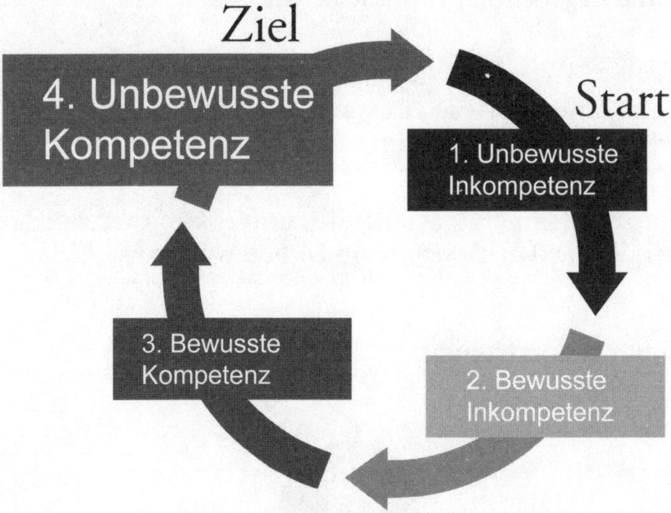

Halten Sie Ihre Eingangskanäle offen und achten Sie vor allem darauf, dass Sie gut sehen, hören, riechen, schmecken und tasten können. Eine Information, die Sie auf mehreren Kanälen wahrgenommen haben, können Sie auch auf mehreren Kanälen wieder abrufen. Achten Sie darauf, dass beim Lernen möglichst viele Sinne auf Empfang geschaltet sind.

> Sobald Sie sich wirklich für etwas interessieren oder Begeisterung für ein bestimmtes Thema entwickeln, sind Ihre Empfangskanäle automatisch hellwach und ganz gegenwärtig.

Wenn Sie **Lehrer** sind, sollten Sie Ihren Schülern den Lernstoff auf möglichst vielen Sinneskanälen anbieten und anschauliche Beispiele und Darstellungen verwenden. Das Erleben auf sämtlichen Sinneskanälen bringt den größten Lernerfolg.

Wenn Sie **Lernender** sind, sollten Sie all ihre Sinneskanäle aktivieren und mit Ihrer Aufmerksamkeit im „Hier und Jetzt“ sein. Was tun bei trockenem Lernstoff? Nehmen Sie Ihre Fantasie zu Hilfe und stellen Sie sich den Lernstoff möglichst bildhaft und plastisch vor. Ihr Unterbewusstsein, das vor allem für das Langzeitgedächtnis zuständig ist, unterscheidet nicht zwischen Einbildung und Realität. So wird der Lernstoff durch die Zugabe Ihrer Fantasie belebt.

„Was fünf Sinne fassen,
kann das Gedächtnis nicht mehr lassen.“
(Andreas Becker, Teilnehmer im Seminar „Geistige Fitness“ 2000)

Emotionen wirken als Verstärker für unsere Wahrnehmungen.
Achten Sie darauf, sich beim Lernen wohl zu fühlen.

Energieräuber – Zerstreuung

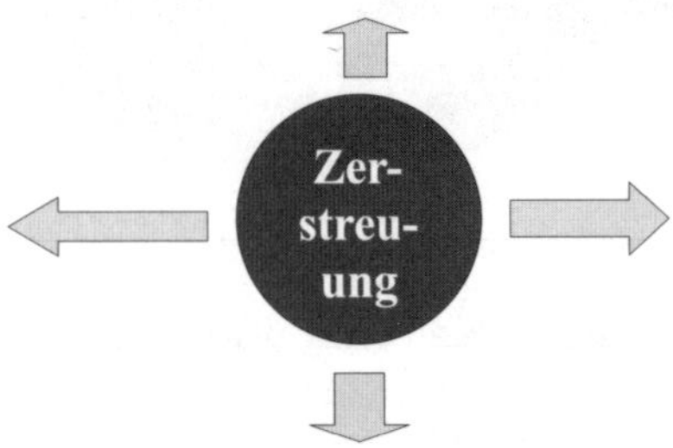

In Zeiten von Hektik, Stress und Informationsflut neigen wir dazu, unsere Aufmerksamkeit und unsere geistige Energie in mehrere Richtungen gleichzeitig zu lenken. Wir fangen an, mit unseren Gedanken von einem Thema zum anderen zu springen, lassen uns ablenken, werden ungenau und fahrig.

Fakt ist, dass wir uns eigentlich immer nur auf eine Sache oder ein Thema bewusst konzentrieren können. Diese Fähigkeit sollte vor allem dann, wenn viele Ablenkungsfaktoren bestehen, immer wieder trainiert werden.

Energiespender – Konzentration

Lenken Sie Ihre Gedanken und geistigen Energien auf einen Punkt. Versuchen Sie einmal, während Sie den Punkt betrachten, an nichts anderes mehr zu denken. Probieren Sie es fünf Minuten!

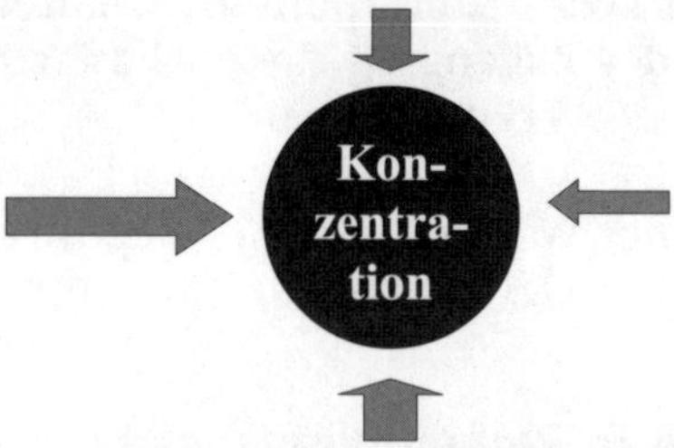

Wenn Sie gerade im Büro sitzen, kleben Sie den Punkt an die gegenüberliegende Wand (in Augenhöhe). So kommen Sie auf den Punkt!

Wichtig dabei ist, dass Sie den Gedanken erlauben, zu kommen und zu gehen. Sie werden einige Anläufe brauchen, bis es Ihnen gelingt. Sie werden bald feststellen, dass sich Ihre Aufmerksamkeit und Ihre Energie bündeln.

Nützliche Hinweise für assoziatives Denken

1. Seien Sie kreativ
2. Alles ist erlaubt
3. Das Besondere prägt sich ein

Tony Buzan, einer der erfolgreichsten Gedächtnistrainer und -forscher, empfiehlt uns, bei den kreativen Wortverbindungen maßlos zu übertreiben, aber dennoch spezifisch zu bleiben. Die Bilder und Geschichten sollen übertrieben sein, absurd, ja sogar vulgär und sexuell. Erinnern Sie sich noch einmal an die Wortpaare „Chemiker – Skateboard", „Dinosaurier – Mond", Schreibtisch ..., Bäcker ..., Delfin ..., Wurm ..., Sofa ... Kellner ..., Katze ..., Kugelschreiber ... Die besonderen Assoziationen sitzen einfach besser im Gedächtnis!

Bringen wir es auf einen einfachen Nenner:

- Nutzen Sie mehrere Sinneskanäle.
- Bringen Sie Ihren Bildern das Laufen bei.

- Gestalten Sie unverwechselbare Arrangements.
- Haben Sie Spaß dabei.
- Bringen Sie Farbe hinein.
- Glauben Sie daran, dass die Assoziationen in Erinnerung bleiben.

Als Kinder waren wir kreativ und spontan. Schaffen Sie sich bei folgender Übung nun wieder Zugang zu diesen Potenzialen und haben Sie Spaß mit den kreativen Verknüpfungen.

Wir beginnen mit einer Wortkette von 10 Begriffen. Lassen Sie von Begriff zu Begriff eine klare Geschichte vor Ihrem inneren Auge entstehen!

Übung: 10 Begriffe in Reihenfolge speichern (Teil 1)

Eiffelturm, Wohnmobil, Kaffeetasse, Buch, Stuhl, Fenster, Rollschuhe, Laterne, Pflaster, Fotoapparat.

Wir wissen nicht, wie Sie assoziieren. Ihre eigenen Bilder sind auf jeden Fall die besten, aber wenn Sie keine eigenen Ideen haben sollten, so bieten wir Ihnen an, es vielleicht einmal so zu tun: Unsere Geschichte beginnt also am Eifelturm, wo wir in einem schönen bunten Wohnmobil eine Tasse Kaffee trinken und dabei ein Buch lesen. Natürlich leeren wir den Kaffee über das Buch, weil wir ja wissen, dass sich die besonderen und übertriebenen Dinge besser einprägen. So, nachdem wir uns also mit dem Kaffee verbrüht haben, fallen wir vor Schreck vom Stuhl und zerschlagen dabei ein Fenster. Vom Lärm erschreckt rast draußen ein Rollschuhfahrer gegen eine Laterne und schreit nach einem Pflaster. Wir machen daraufhin ein Unfallfoto.

Lassen nun gleich nochmal Ihre Geschichte vor dem inneren Bildschirm ablaufen und probieren Sie es auch rückwärts. So, nun sind Sie wieder gefragt. Schreiben Sie die 10 Begriffe in der richtigen Reihenfolge auf.

1 **Eiffelturm**	6
2	7
3	8
4	9
5	10

Wenn Sie alles gewusst haben, klatschen Sie einmal kräftig in die Hände. Denn dies ist einen Applaus wert. Zudem sorgen Sie beim Klatschen reflektorisch über die Hände für mehr Entspannung und Energie im Gehirn. Auch Endorphine, sog. Freudehormone, werden produziert, da das Klatschen ja auch mit vielen positiven Ereignissen aus Ihrem Leben direkt verbunden ist.

Wenn Sie sich an alle Begriffe erinnern konnten, dann beherrschen Sie die Grundtechnik der Gedächtniskunst. Egal, ob Sie sich an vielstellige Zahlen erinnern oder sich 200 verschiedene Personen und Namen einprägen wollen, die Voraussetzungen, damit es auch gelingen kann, sind:

1. Eine positive Einstellung zum eigenen Gedächtnis
2. Freude am Lernen
3. Konzentrationsfähigkeit
4. Gute Vorstellungskraft
5. Gesundheit
6. und natürlich Motivation

Übung: 10 Begriffe in Reihenfolge speichern (Teil 2)

Krawatte, Zebra, Schreibtisch, Bodensee, Hubschrauber, Künstler, Sonne, Telefon, Wiese, Meditation.

Auch hier gehen Sie genauso vor wie bei Teil 1. Verknüpfen Sie die Begriffe zu einer Geschichte. Bringen Sie Action hinein, lassen Sie bewegte Bilder in Farbe entstehen. Drehen Sie einen Film, bleiben Sie aber trotz aller Kreativität spezifisch und holen Sie nicht zu weit aus. Wenn Sie Ihre Geschichte gemacht haben, überprüfen Sie Ihr Gedächtnis und tragen die 10 Begriffe in nachfolgende Liste ein.

1 **Krawatte**	6
2	7
3	8
4	9
5	10

Übung: 20 Begriffe in Reihenfolge speichern (Teil 3)

Sie können sich bestimmt schon vorstellen, welches Kunststück Sie gleich vollbringen werden. Voraussetzung, dass Sie es auch tatsächlich schaffen, ist jedoch, dass Sie die 10er-Reihen nochmal wiederholen, um sicher zu sein, dass Sie tatsächlich in beiden Fällen eine sichere Kette gebildet haben.

So, nun zu unserem Kunststück: Wir verknüpfen lediglich den letzten Begriff aus der ersten Kette mit dem ersten Begriff aus der zweiten Kette. Da wir nicht wissen, welche Geschichten Sie sich erdacht haben, können wir Ihnen nur schwer ein Beispiel geben. Aber vielleicht binden Sie den Fotoapparat einfach an der Krawatte fest. Wir sind davon überzeugt, dass Sie eine gute Verknüpfung hinbekommen.

Nun die Meisterleistung: Ohne nachzuschauen schreiben Sie alle 20 Begriffe in der richtigen Reihenfolge auf. Nehmen Sie sich Zeit, aber kommen Sie nicht ins Grübeln. Vielleicht wollen Sie ein paar tiefe Atemzüge machen oder nochmals eine Ruheminute praktizieren. Was auf jeden Fall sinnvoll ist: Klatschen Sie erst einmal kräftig in die Hände, um sich positiv zu stimmen.

1	11
2	12
3	13
4	14
5	15
6	16
7	17
8	18
9	19
10	20

Nun lassen Sie Ihren Film bei geschlossenen Augen sowohl vorwärts als auch rückwärts laufen. Sehen Sie, Ihr Gedächtnis funktioniert hervorragend, wenn Sie ihm nur das richtige Futter anbieten.

Weitere Assoziationsübungen mit einem Partner

Finden Sie einen Übungspartner und wählen Sie jeweils ein unterschiedliches Motto. Ihr Partner wählt z.B. das Thema Urlaub und Sie das Thema Tiere. Jeder von Ihnen schreibt nun 10 Begriffe auf. Wenn Sie damit fertig sind, nennen Sie sich der Reihe nach jeweils nur zwei Begriffe und verknüpfen diese miteinander. Wenn Sie wollen, können Sie die Assoziationen gemeinsam erarbeiten und erörtern. Vielleicht wollen Sie aber auch ganz für sich arbeiten und erzählen sich erst am Ende der Übung ihre individuellen Assoziationen.

Am Ende der Übung fragen Sie sich gegenseitig ab. Wir sind sicher, dass Sie viel Spaß haben werden und dass dabei Ihrem Gedächtnis wieder Flügel wachsen.

Finden Sie weitere Themenbereiche und steigern Sie vielleicht auch den Schwierigkeitsgrad, indem Sie, allerdings erst wenn Sie geübt sind, auch abstrakte Begriffe wie Liebe, Intelligenz oder Soziologie verwenden.

Sollte Ihnen ihr Übungspartner Begriffe nennen, die Sie nicht kennen oder unter denen Sie sich nichts vorstellen können, dann erlauben Sie sich, nachzufragen.

> Es gibt keinen Grund, sich etwas einzuprägen, das man nicht kennt oder unter dem man sich nichts vorstellen kann. Hinter jedem auch noch so abstrakten Begriff steckt eine klare Bedeutung. Verlangen Sie also nicht von sich, sich ein Nichts einzuprägen.

Jedes Wort meint etwas ganz Bestimmtes. Sie müssen es einfach in Erfahrung bringen. Wenn Sie sich den Begriff Kataphorese einprägen wollen, dann müssen Sie wissen, dass er einen bestimmten Lackierprozess in der KFZ-Fertigung meint.

Wir möchten Sie an dieser Stelle auch darauf hinweisen, dass viele Studierende ihr Interesse am Studium verlieren, wenn sie zu viel unverstandene Wörter konsumiert haben. Das Unverstandene drückt wie eine schwere, unsichtbare Last und raubt die Lernmotivation.

Tipp für Schüler und Studenten: Holen Sie sich Ihre Lernfreude zurück, indem Sie Unverstandenes klären und aufarbeiten, miteinander besprechen und austauschen.

Erinnern als Resultat genutzter Information

Der natürliche und gleichzeitig erfolgreiche Weg heißt:

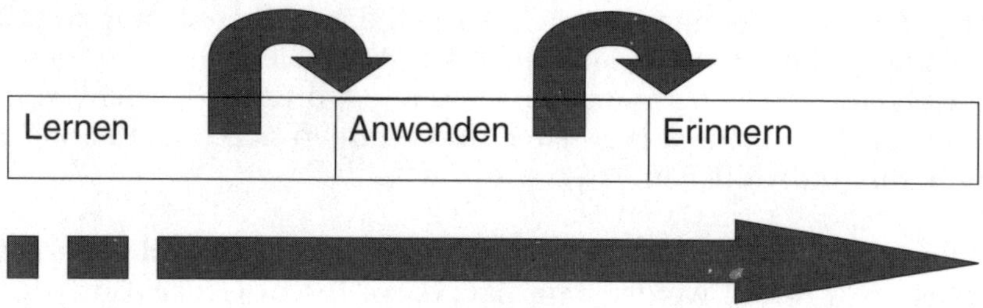

Der auf natürliche Weise sich ständig wiederholende Prozess von Lernen und Anwenden führt dazu, dass die Informationen in Erinnerung bleiben. Sofern keine Anwendung stattfindet, bedarf es der aufwändigen Wiederholung des Lernstoffes, damit die Lerninhalte zur gewünschten Zeit auch erinnert werden können. Wir können uns auch vorstellen, dass es eine Instanz gibt, die sehr genau wahrnimmt und dadurch weiß, welche Informationen für uns wichtig sind und gespeichert werden.

Der Alltag sieht meist so aus:

Vergessen als Resultat ungenutzter Informationen

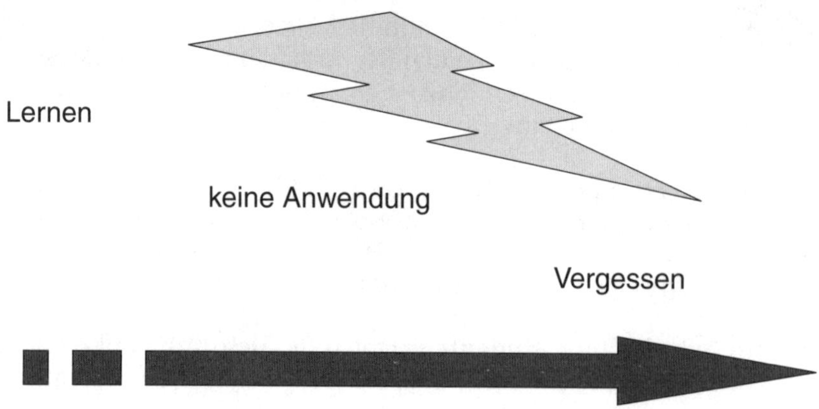

Wir können froh sein, dass es eine Instanz in unserem Gedächtnis gibt, die sehr genau wahrnimmt, was für uns wichtig ist. Die Informationen, die immer wieder auftauchen, und die Handlungen, die immer wieder ablaufen, werden automatisch gespeichert und stehen uns jederzeit zur Verfügung. Ja, sie sind sogar Teil unserer unbewussten Kompetenz. Ballast wird abgeworfen, wir werden dadurch frei.

Wiederholung ist die Schwester des Gedächtnisses.

Wenn Ihnen wirklich etwas am Herzen liegt und Sie genau wissen, dass in den nächsten Tagen und Wochen keine Anwendung im beruflichen sowie privaten Alltag stattfindet, dann sorgen Sie dafür, dass Sie entsprechende Wiederholungen praktizieren. Nur so ist gewährleistet, dass Sie sich zu gegebener Zeit auch erinnern können. Es heißt zwar nicht, dass Sie sich ohne Wiederholung nicht erinnern, aber die Chance sich zu erinnern steigt mit der Anzahl der Wiederholungen.

Empfohlene Wiederholungsrhythmen

Wenn Sie heute etwas dazulernen, dann sollten Sie es möglichst am Tag danach nochmals wiederholen. Nach weiteren drei Tagen, nach einer Woche, nach vier Wochen usw. ... Lassen Sie den Abstand zum ersten Lerntag immer größer werden. Sobald das Gelernte im Alltag zur Anwendung kommt, bedarf es keiner Wiederholung mehr. Das Gelernte ist nun Teil Ihrer bewussten und unbewussten Kompetenz.

Tipp: Versuchen Sie vor dem Schlafengehen, die wesentlichen Neuigkeiten des Tages nochmals vor Ihrem inneren Auge zu betrachten. So nehmen Sie die Informationen bewusst auch mit in den Schlaf. Ihr Unterbewusstsein stellt weitere Verbindungen her und arbeitet für Sie, während Sie schlafen.

Die vier Stadien des Lernens

An dieser Stelle möchten wir Ihnen etwas Mut machen, das bildhafte Denken zu erlernen und in Ihren Alltag mit einzubeziehen. Anfangs benötigen Sie Zeit, um komplexe Informationen zu visualisieren. Jedoch geht es im weiteren Verlauf des Übens fast schon automatisch. Es lohnt sich, die Fähigkeit des bildhaften Denkens wieder zu erlernen und die Vorstellungskraft zu nutzen. Sobald Sie die Fähigkeit längere Zeit trainiert haben, steht sie Ihnen wie damals in der Kindheit wieder als Potenzial zur Verfügung, ohne dass Sie sich stets bewusst darum kümmern müssen.

Im Buch *Neurolinguistisches Programmieren: Gelungene Kommunikation und persönliche Entfaltung,* erschienen im VAK-Verlag, Freiburg, fanden wir eine interessante Beschreibung von vier Wahrnehmungsebenen bzw. Lernphasen, die wir im weiteren Verlauf des Textes in eigenen Worten beschreiben:

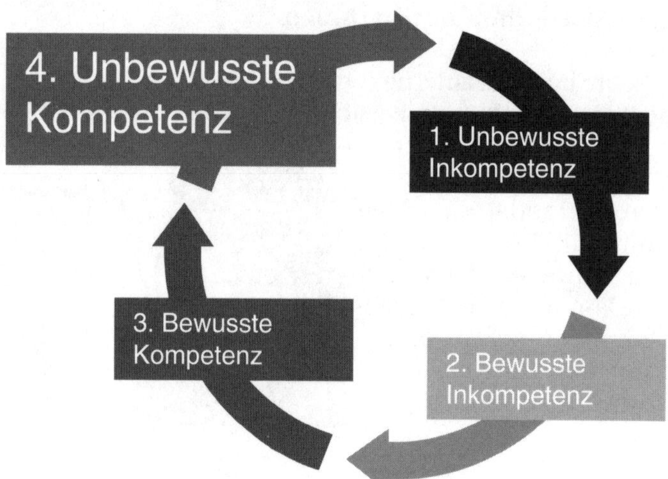

In vier Phasen zur Meisterschaft

- **Zu 1:** Sie wissen nicht nur nicht, wie etwas zu tun ist, sondern Sie wissen auch nicht, dass Sie dies nicht wissen. Wenn Sie z.B. noch nie ein Auto gesteuert haben oder nicht einmal wüssten, dass es überhaupt Autos gibt, dann haben Sie keine Ahnung, wie das ist, ein Auto zu fahren. Genauer gesagt: Sie wissen nicht, dass Sie etwas nicht wissen. Im Prinzip ist das ein sehr angenehmer Zustand.

- **Zu 2:** Sie besuchen gerade die Fahrschule, haben die ersten Theoriestunden hinter sich gebracht und realisieren, dass Sie etwas noch nicht beherrschen, dass Sie aber bereit und willig sind, diese Fertigkeit zu erlernen. Bei den ersten praktischen Fahrstunden bemerken Sie, welche Lernschritte noch zu erfolgen haben, um von Kompetenz zu sprechen. In diesem Stadium brauchen Sie Willenskraft und die Vision des Gelingens.
- **Zu 3:** Sie besitzen Ihren Führerschein und fahren in die Welt hinaus. Das Lenken, Schalten und Beobachten des Straßenverkehrs erfordert jedoch sehr viel Aufmerksamkeit und manchmal geht es drunter und drüber. Es ist noch nicht der Zustand, den Sie eigentlich erreichen wollen. Sie sind noch sehr stark auf die einzelnen Abläufe konzentriert und alles braucht seine Zeit. Hier heißt es nun: einfach weiterfahren. Erfahrung und praktische Anwendung bringen weitere Erfolge und vereinfachen alles Weitere.
- **Zu 4:** Nach einigen Jahren Erfahrung können Sie nun fahren und ganz nebenbei die Landschaft genießen. Ihr Unterbewusstsein hat viele der zeitraubenden Prozesse übernommen. Sie haben den Eindruck, dass „ES“ fährt. Sich mit einem Beifahrer zu unterhalten oder ganz nebenbei noch Radio zu hören ist nun möglich. Nun können Sie wirklich Auto fahren. Jetzt erfahren Sie eine wahre Synergie aus Können und Intuition, aus bewussten und unbewussten Ressoourcen.

Quintessenz: Üben Sie, in Bildern zu denken, trainieren Sie Ihre Vorstellungskraft und nehmen Sie in Kauf, dass es anfangs einfach etwas Zeit braucht. Ihr Gedächtnis wird sich Schritt für Schritt verbessern und gleichzeitig werden Ihre mentalen Fähigkeiten trainiert und die Gehirnzellen und Nerven geschult. Freuen Sie sich auf große Geschenke aus den Schichten Ihres Unterbewusstseins.

Sprachen lernen mit Suggestopädie und Superlearning

In den 60er Jahren entwickelte Professor Dr. Georgi Losanow eine neue Lerntechnik, die er als *Suggestopädie* bezeichnete. Durch das Buch *Superlearning* von Sheila und Nancy Ostrander sowie Lynn Schroeder trat diese neuartige Methode ihre Siegesreise um den Erdball an. Schnell sprach sich herum, dass mit Superlearning bis zu 1000 und mehr Vokabeln an einem Tag gelernt werden können – und dies sogar noch in Entspannung. Mittlerweile finden wir Superlearning- oder Suggestopädiekurse an den meisten Sprachschulen in Europa. Nicht immer wird die Basistechnologie von Losanow im Original verwendet, sondern zusätzlich mit weiteren, meist auch wirksamen Methoden kombiniert. Prof. Losanow beschäftigte sich über Jahre mit Raya-Yoga, autogenem Training, Hypnose, Schlaflernen, Musiktherapie und anderen Bereichen der Bewusstseins- und Lernforschung. Die Erkenntnisse wurden zusammengefasst und in der Suggestopädie auf einen wirksamen Nenner gebracht.

Bausteine der Suggestopädie

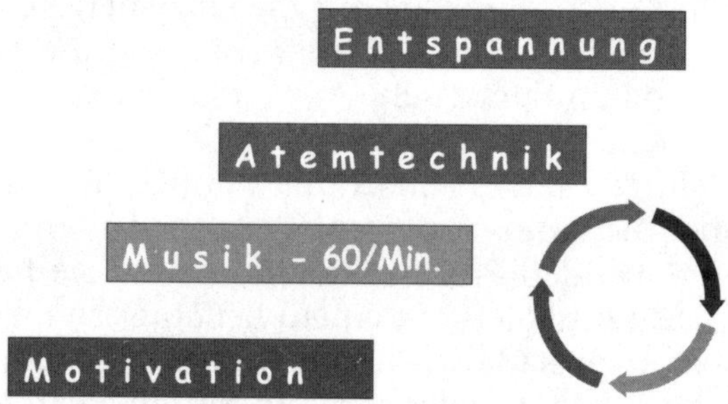

Erfolgreich Sprachen lernen

Durch das Zusammenwirken mehrerer Elemente wird Superlearning zur effizienten Lerntechnik.

- **Entspannung:** Sie erlernen eine Entspannungstechnik, mit deren Hilfe Sie Ihre Gehirnströme beeinflussen können. Im Wachzustand zeigt Ihr Gehirn, mit dem EEG gemessen, eine Frequenz von 14–30 Hz (Schwingungen pro Sekunde). Wie im Kapitel über die Gehirnwellen beschrieben, sind nur Teilbereiche des Gehirns aktiv. Durch Entspannungs- und Visualisierungsübungen lässt sich diese Schwingung beeinflussen. Im Alphazustand kann Lernen effizienter sein, weil mehr Gehirnzellen in den Lernprozess integriert sind.
- **Atemtechnik:** Bei der von Losanow entwickelten Methode erlernen Sie eine Atemtechnik, die es Ihnen ermöglicht, immer dann auszuatmen (entspannen/loslassen), wenn Sie den Lerntext von einem Lehrer oder von einer CD/Kassette gesprochen hören. In der Regel ist der Lernstoff im 4-Sekunden-Takt aufbereitet. Dies entspricht genau den Zeiträumen von Ein- und Ausatmen.
- **Musik:** Bereits während der Entspannungsübungen und auch während der Lerneinheiten hören Sie beruhigende Musik, meist Klassik.

Largos haben das bekannte Taktmaß von 60 Schlägen pro Minute. Dies entspricht genau dem entspannten Herzrhythmus. Die Musik unterstützt auf der einen Seite Ihre Entspannung, auf der anderen Seite hilft sie, die Tür zur kreativen rechten Gehirnhälfte offen zu halten.

- **Motivation:** Um den enormen Lernerfolg der Suggestopädie zu gewährleisten, ist es unverzichtbar, sich in einen positiven und motivierten Zustand zu versetzen. Setzen Sie sich klare Lernziele. Freuen Sie sich darauf, innerhalb weniger Wochen eine Fremdsprache zu erlernen oder Ihren Wortschatz spielerisch zu erweitern. Malen Sie sich im Detail aus, wie schön es für Sie ist, wenn Sie die Fremdsprache beherrschen.

Spielerisch lernen mit Superlearning

In den suggestopädisch aufgebauten Sprachkursen wird Lernen zum Erlebnis. Wir spielen Theater, schlüpfen in andere Rollen und erfassen die Lerninhalte auf mehreren Sinnesebenen so, als wären wir tatsächlich im fernen Land. Ein Wechselspiel aus Entspannung und Aktivität, Fantasie und spielerischem Erleben schafft ungeahnte Lernerfolge. Vokabeln werden nicht länger isoliert gepaukt, sondern tauchen in vorstellbaren oder erlebbaren Szenen und Geschichten auf. Es ist Lernen zum Anfassen, so wie wir es als Kinder noch erlebt haben. Wir sind regelrecht eingetaucht in neue Worte und Zusammenhänge. Als etwas reifere Kinder sind wir dann in die Bücher und deren Inhalte hineingeschlüpft.

Kombinieren Sie das Lernen in einer Gruppe mit privaten Lernsitzungen. Es gibt heutzutage aber auch Sprachkurse auf CD oder Kassette, wobei dies eher eine ergänzende Technik darstellt. Das Lernen in Gruppen kann sehr interessant und lebendig sein. Nutzen Sie stets alle Ihnen zur Verfügung stehenden Lernmittel, mit denen Sie Erfolg und Freude haben.

Die schnellste Methode, eine Fremdsprache zu lernen – Verlieben Sie sich

Je höher Ihre Motivation ist, umso schneller werden Sie sich um effiziente Lernmethoden kümmern. Sie werden sich Bücher kaufen, Sprachkurse besuchen, Privatlehrer engagieren, in ferne Länder reisen und sich klare Lernziele setzen. Ihr Interesse und Ihre Aufmerksamkeit schafft Zugang zu Ihren Potenzialen. Ihre geistige Energie konzentriert sich, sammelt sich in einem klar definierten Ziel. Endorphine (Freudehormone) sorgen im gesamten Körper für Hochstimmung. Hürden nehmen Sie mit Leichtigkeit – von negativem Stress keine Spur.

Lesen kann man lernen

Lesen Sie nur noch das, was wirklich wichtig für Sie ist. Hören Sie auf, Texte sinnlos zu konsumieren.

Achten Sie darauf, während des Lesens aufmerksam zu sein. Nutzen Sie Ihre Vorstellungskraft. Stellen Sie sich das Gelesene plastisch vor. Setzen Sie den Lesestoff in einen Sinnzusammenhang. Markieren Sie wichtige Textpassagen mit einem Textmarker oder anderen Schreibwerkzeugen.

Legen Sie nach einem Kapitel Ihr Buch oder Ihren Fachartikel zur Seite und tun Sie so, als würden Sie das Gelesene nun einem Bekannten oder Freund erzählen. Nutzen Sie hierzu Ihre eigenen Worte. Wiederholen Sie Texte möglichst nicht in der Sprache der Autoren, sondern nutzen Sie Ihren eigenen Wortschatz.

Bevor Sie damit beginnen, ein Buch zu lesen, schließen Sie Freundschaft mit ihm, legen Sie es an einen besonderen Platz und schaffen Sie an Ihrem Leseplatz eine gute Atmosphäre. Sorgen Sie für optimale Beleuchtung. Machen Sie sich Notizen, schreiben Sie in eigenen Worten eine Zusammenfassung der jeweiligen Kapitel. Versuchen Sie nicht, um jeden Preis das Lesetempo zu erhöhen.

Effizienter lesen fängt bei der Auswahl der Tageszeitungen, Fachartikel und Bücher an. Je klarer Ihre Zielsetzung und die Definition Ihres Aufgabenbereiches ist, umso leichter werden Sie Texte nach Schlüsselwörtern untersuchen. Lesen Sie zuerst die Überschriften und dann das Kleingedruckte. Manchmal lohnt es sich, am Ende der Artikel, Kapitel oder Bücher nach einer Zusammenfassung zu suchen. Vielleicht finden Sie dort schon das, was Sie tatsächlich interessiert. Schon mancher Leser konnte sich mit dieser Strategie Stunden und Tage einsparen.

Nehmen Sie sich einen Augenblick Zeit und notieren Sie hier Ihre größten Lesefehler:

____

____

____

____

____

Mentaltraining zur Erhöhung der Lesegeschwindigkeit

Es gibt unzählige Techniken, um die Lesegeschwindigkeit zu erhöhen. Bevor ich Ihnen hierzu meine Empfehlungen gebe, möchte ich Sie darauf hinweisen, dass nicht das Lesetempo allein entscheidend ist, sondern inwieweit das Gelesene auch in der Praxis verfügbar ist. Versuchen Sie nicht, sinnlose Wortansammlungen zu konsumieren. Sie laden sich dadurch nur unnötigen Ballast auf.
Aus dem bisherigen Gelesenen ist Ihnen sicherlich klar geworden, dass die genialen Fähigkeiten, die wir oft im Außen suchen, tatsächlich in unserer eigenen Persönlichkeit zu finden sind.

> Stellen Sie sich darauf ein, dass sich Ihre Lesegeschwindigkeit in den nächsten Wochen ständig erhöht. Diese mentale Erfolgsprogrammierung funktioniert, ohne dass Sie eine Zusatztechnik erlernen müssen. Wichtig ist lediglich, dass Sie dann auch täglich etwas üben.

Sie wissen ja, wo der Mensch hindenkt, geschieht etwas. Professor Schultz, dem wir die Entwicklung des autogenen Trainings zu verdanken haben, hielt viele Jahre weltweit Vorträge und Seminare. Seine Veranstaltungen wurden vor allem von Medizinern besucht, für die es wichtig war, die Wirkung mentaler Kräfte auch direkt zu erfahren. Professor Schultz bestellte in seinen Vorlesungen jeweils einen Zuhörer zu sich nach vorne, versetzte ihn in einen leichten Trancezustand und legte ihm gleichzeitig eine Geldmünze auf den Handrücken. Nun erzählte er ihm, dass dieses Geldstück glühend heiß sei. Die suggestive und zugleich bildliche Sprache von Schultz und das Vorstellungsvermögen des Teilnehmers wirkten dabei direkt auf das vegetative Nervensystem. Am Ende zeigte sich auf dem Handrücken des Teilnehmers zumindest ein roter Fleck oder sogar eine Brandblase.

Die mentalen Kräfte wirken sich nicht nur direkt auf unseren Körper aus, sondern auch auf die Fähigkeiten, die wir entwickeln wollen. Wenn wir an das Gelingen einer Sache glauben, so ist uns auch der Erfolg bereits näher. Also bitte ich Sie, beschleunigen Sie Ihr Lesetempo, indem Sie sich vorstellen, dass es möglich ist.

Gehirnwellen und was sie bedeuten

Gedanken lösen Schwingungen aus. Erst 1924 entdeckte der Arzt Hans Berger, daß das Gehirn elektrische Wellen aussendet. Weitere Kollegen seines Fachs entwickelten im Laufe der Jahre dann feine Messmethoden, bei denen mittels empfindlicher Elektroden die Aktivität von Gehirnzellen mit dem sogenannten EEG-Elektroenzephalogramm gemessen werden kann. Ob wir bald die Gedanken unserer Mitmenschen direkt am Bildschirm ablesen können, das steht noch in den Sternen, jedoch sagen die Gehirnwellen viel über die Funktionsfähigkeit oder Beeinträchtigungen des Gehirns aus. Die Alphawellen verstärken die Wirkung des Mentaltrainings, weswegen es sich lohnt, auch das Entspannen zu trainieren.

Folgende Frequenzen sind für uns von Bedeutung:

- **Betawellen** 14–30 Hz
  Wir sind wach, das Bewusstsein ist nach außen gerichtet. Es überwiegt logisch-rationales Denken. Mit unserer Wahrnehmung sind wir an die Realität gebunden. Die Sinneswahrnehmungen Sehen, Hören, Riechen, Schmecken und Tasten werden bewusst verarbeitet.

- **Alphawellen** 8–13 Hz, Entspannungszustand/Tagtraum
  Das Bewusstsein ist nach innen gerichtet. Bildhafte Eindrücke werden besser verarbeitet. Wir haben guten Zugang zu Kreativität und Intuition. Vergleichbar mit dem Halbschlaf oder Tagtraum. Natürliche Alphaphasen haben wir vor dem Einschlafen und direkt nach dem Aufwachen. Diese Phasen sind sehr gut

zur positiven Beeinflussung des Unterbewusstseins geeignet. Prof. Heisse vom Max Planck Institut für Neurologische Forschung in Köln stellte fest, dass im Alphazustand ca. 16 % mehr Energie im Gehirn verfügbar ist.

- **Thetawellen** 3–7 Hz, Normaler Schlaf/tiefe Meditation
  Der Körper erholt sich, tankt wieder auf. Gesteigertes Erinnerungsvermögen durch bessere bildhafte Vorstellung.
- **Deltawellen** 0–3 Hz Tiefschlaf
  Wir erfahren eine grundlegende Regeneration. Auch zu erreichen durch Hypnose oder tiefe Trance. Traumloser Schlaf.

Während des Mentaltrainings sind wir meist im Bereich der Alphawellen und machen uns hierbei den besseren Zugang zur rechten Hemisphäre und zum Unterbewusstsein zunutze.

PhotoReading – die Hochgeschwindigkeits-Lesemethode

Es klingt fantastisch, wenn man hört, dass es möglich sein soll, bis zu 25000 Wörter pro Minute zu lesen, d.h., mental zu fotografieren. Dass es funktioniert, bestätigen viele Seminarteilnehmer und durch Forschungen ist es ebenfalls vielfach ausreichend belegt. Paul Scheele ist der Begründer der PhotoReading-Technik. Er studierte Pädagogik, Psychologie und Biologie und erhielt Ausbildungen in NLP, Accelerated Learning und Kinesiologie.

Um die Technik zu erlernen, werden mindestens drei Seminartage benötigt. Daher stelle ich Ihnen hier lediglich die fünf wesentliche Schritte vor.

Paul Scheele rät: Um PhotoReading zu meistern, müssen Sie Folgendes aufgeben:

1. niedriges Selbstwertgefühl als Lernender
2. unproduktive Gewohnheiten wie Aufschieben von Aufgaben und Zweifel an den eigenen Fähigkeiten
3. Perfektionismus, „Alles oder Nichts“-Denken, das sich auf Fehler anstatt auf Feedback und Lernen konzentriert
4. Misstrauen Ihrem Unbewussten und Ihren intuitiven Fähigkeiten gegenüber

Kommt Ihnen das nicht bekannt vor?

Schritt 1: Einstimmen

Werden Sie sich klar über Ihre Absicht. Wozu lesen Sie gerade dieses Buch? Welches Ziel verfolgen Sie? Welchen Nutzen versprechen Sie sich? Bereits jetzt fahren Sie Ihre mentale Antenne aus, um den für Sie wichtigen Informationen nachher während des Lesens zu begegnen.

Schritt 2: Überblick

Nun verschaffen Sie sich einen Überblick über Ihr Material (Buch/Artikel/Fachbericht). So schauen Sie sich z.B. den Klappentext an, lesen wenige Worte über den Autor, betrachten das Design, überfliegen das Inhaltsverzeichnis, schauen bei den Literaturhinweisen nach Ihnen bekannten Titeln und gehen quer durch das Buch auf die Suche nach markanten Textstellen und Grafiken. Wenn Sie wollen, können Sie sich hierbei Stichworte notieren, nach denen Sie bei einem späteren Lernschritt vorgehen.

Schritt 3: Fotolesen

Nun gehen Sie in den Alphazustand und schärfen gleichzeitig Ihre Konzentration, indem Sie in den Fotofokus gehen. Dadurch verändert sich Ihr Blick so, als würden Sie durch ein Buch oder einen Text, den Sie vor sich haben, hindurchschauen. In diesem entspannten und gleichfalls konzentrierten Zustand, fotografieren Sie im Sekundentempo jede einzelne Seite. Bei diesem Schritt werden Sie bewusst nur wenig vom Text mitbekommen. Vielmehr nimmt Ihr Unbewusstes die Informationen auf, ohne sich durch Logik zu begrenzen.

Schritt 4: Aktivierung

Nun beginnen Sie abermals damit, den Text zu erforschen, widmen Sie sich auffallenden Passagen auch intensiver. Den restlichen Text überfliegen Sie zügig. Durch Ihre Intuition lassen Sie sich an die wichtigen Textstellen führen und beginnen damit, Ihr Wissen zu vertiefen. Hierbei versuchen Sie bereits, die von Ihnen gestellten Fragen aus dem ersten Schritt zu beantworten.

Schritt 5: Rapidlesen

Nun bearbeiten Sie nochmals den gesamten Text von Anfang bis Ende. Dabei wiederholen Sie bereits Verstandenes und widmen sich neuerdings auffälligen Passagen. Wenn bisher das Verständnis des Gelesenen noch nicht so gefragt war, kommt nun Ihr Verstand auf seine Kosten. Mit diesem Schritt bewältigen Sie die Angst, das bisher Gelesene zu vergessen.

Den für das PhotoReading erforderlichen Alphazustand finden Sie leicht durch folgende Entspannungsübung

1. Setzen Sie sich bequem auf Ihren Stuhl, ohne Arme und Beine zu überkreuzen.
2. Schauen Sie sich um und erklären Sie sich mit allem, was ist, einverstanden.
3. Schließen Sie die Augen und fangen Sie damit an, Ihren Atem zu beobachten.
4. Akzeptieren Sie, dass Gedanken kommen und gehen, und hören Sie damit auf, Gedanken zu bewerten oder zu beurteilen.
5. Erheben Sie sich in Gedanken einen Meter über Ihren Körper und bleiben Sie in dieser beobachtenden Haltung.
6. Sagen Sie zu sich selbst, dass Sie auch mit geöffneten Augen diesen konzentrativen Alphazustand halten können.
7. Öffnen Sie die Augen und beginnen Sie mit Ihrer Übung.

PhotoReading-Seminare in deutscher Sprache: siehe Sintonia-Seminare Adresse im Anhang.

Tipps und Tricks

Loslassen schafft Platz für Neues

> Seit ich mir das Vergessen erlaube,
> kann ich mir viel mehr merken.

Diese Aussage machte ich – eigentlich ganz nebenbei – während eines Vortrags anlässlich des jährlich stattfindenden Internationalne Musikkongresses 1999 in München. Dort sprach ich vor über 600 begeisterten Zuhörern zum Thema „Faszination Gedächtnis". Während des Vortrags war auch Frau Unger, Professorin für Violine an der Hochschule für Musik in Dresden, anwesend. Als mich Frau Unger ein Jahr später beim Schweizer Musikkongress in Interlaken erblickte, kam sie freudestrahlend auf mich zu und bedankte sich nochmals für diesen ihrer Ansicht nach besonderen Satz. Er hätte bei ihr eine neue Einstellung zum Thema Lernen und Gedächtnis bewirkt und mittlerweile viele positive Veränderungen nach sich gezogen.

Anmerkung: Ich hatte den Satz mittlerweile vergessen und bat Frau Unger, ihn für mich aufzuschreiben. Einen Augenblick später gab sie mir ihre Visitenkarte mit dem Text: „Seit ich mir das Vergessen erlaube, kann ich mir viel mehr merken." Mein Dank geht an Frau Unger, die den Satz in ihrem Gedächtnis behielt und ihn uns allen zugänglich machte.

Wenn wir die Texte bekannter Philosophen und Lebenslehrer lesen, begegnen wir immer wieder der Aufforderung, mit unseren Gedanken und Gefühlen ins Hier und Jetzt zu kommen. Ja, eigentlich sogar das Denken ganz loszulassen. Für die meisten Menschen ist gerade das die schwierigste Aufgabe. Denn sie haften an Vergangenem und grübeln über die Zukunft und haben gelernt, stets beschäftigt zu sein. Zur Ruhe kommen, das ist ihnen unbekannt.

Wenn wir bedenken, dass es tatsächlich nur die eine Zeit, nur den ständig fortschreitenden Augenblick gibt, so sind die Grübler nie in der Gegenwart und dadurch auch niemals im Besitz ihrer ganzen Kraft und Lebensfreude. Dies bringt allerhand Probleme mit sich und ist ein wesentlicher Schlüssel zu einem schlechten Gedächtnis. Tatsache ist, dass wir vor allem durch das Anhaften an Vergangenes unsere kostbare Zeit und auch Lebensenergie verbrauchen.

Wenn wir mit unseren Gedanken und unserer Aufmerksamkeit abwesend sind, brauchen wir uns über das Vergessen nicht zu wundern. Letztendlich können wir nicht einmal von Vergessen sprechen, da wir durch unsere Abwesenheit die Information erst gar nicht bewusst aufgenommen haben. Was wir dagegen in voller Gegenwart erleben, prägt sich gut in unserem Gedächtnis ein und steht uns auch zur Verfügung.

Unsere Aufnahme- und Erinnerungsfähigkeit wird sich ab dem Zeitpunkt, wenn wir mehr im Hier und Jetzt sind, deutlich verbessern. Je schneller und besser wir alte Zyklen schließen, Unerledigtes erledigen und alte Versprechen einlösen, umso mehr kommen wir in die Gegenwart des Seins und gelangen in den Besitz unserer allumfassenden Fähigkeiten. Dies wirkt sich nicht nur auf unsere Lernfähigkeit und unser Gedächtnis aus, sondern hat auch eine starke positive Wirkung auf unsere gesamten Lebensumstände.

Übung: Geistiger Hausputz schafft Freiräume

Nutzen Sie nun einmal die Gelegenheit und forschen Sie in einem 10-minütigen Brainstorming nach Unerledigtem und Liegengebliebenem. Welche Versprechen sollten längst eingelöst sein? Welche Projekte sind angefangen und warten auf Klärung oder Beendigung? Wen wollten Sie schon lange einmal anrufen?

Unerledigtes? ______________________________

____

Alte Versprechen? ______________________________

____

Projekte? ______________________________

____

Vorhaben? ______________________________

____

Was lässt mich nicht los? ______________________________

____

Was will ich schon seit langem tun? ______________________________

____

Sofern erforderlich, verwenden Sie für Ihre Notizen weitere Blätter.

Sie benötigen einen Plan

Fertigen Sie einen Plan, nach dem Sie die unerledigten Dinge zu Ende bringen wollen. Welche Projekte werden Sie endgültig verwerfen? Was werden Sie wann, wie und mit wem vollenden? Was werden Sie selbst klären und durchführen? Welche Menschen können Sie bei Ihren Aufgaben hinzuziehen? An wen können Sie erfolgreich delegieren? Legen Sie Prioritäten fest von 1–10.

Die 48-Stunden-Regel

Beginnen Sie noch innerhalb 48 Stunden mit der Klärung oben genannter Fragen und Themen. Lassen Sie keine weitere Zeit verstreichen. Benutzen Sie keine weiteren Ausreden. Setzen Sie den Plan durch. Seien Sie konsequent. Gute Planung und klare Entscheidungen sind schon die halbe Arbeit.

Die Lernkartei

Die Lernkartei ist ein ideales Werkzeug, um Fremdwörter und Vokabeln zu lernen. Fast jeder kennt die Lernkartei, aber die meisten scheuen sich vor der Anwendung, da es sehr nach Arbeit aussieht. Tatsächlich benötigt es einen gewissen Aufwand, bis sich die Worte, Sätze und Redewendungen auf den Karteikarten befinden. Es ist jedoch eine sehr effiziente Lernmethode, bei der Sie lediglich Zeit zum Lernen der Informationen benötigen, die Sie noch nicht beherrschen. D.h., was Sie bereits im Gedächtnis gespeichert haben, verlässt die Kartei auf schnellstem Wege. Was Sie noch lernen müssen, befindet sich in unterschiedlichen Fächern innerhalb der Lernkartei und wird so oft wiederholt, bis Sie sich sicher erinnern können.

Was Sie benötigen: einen Karteikasten (gekauft oder selbst gebastelt), genügend Karteikarten in der Größe DIN A7, einen geeigneten Lernstoff, den Sie am besten in wenigen Worten, kurzen Sätzen und/oder Redewendungen auf die Karteikarten eintragen. Benutzen Sie die Vorderseite für die bekannte Sprache und die Rückseite für die Fremdsprache.

Wenn Sie Englisch lernen, könnte es folgendermaßen aussehen:

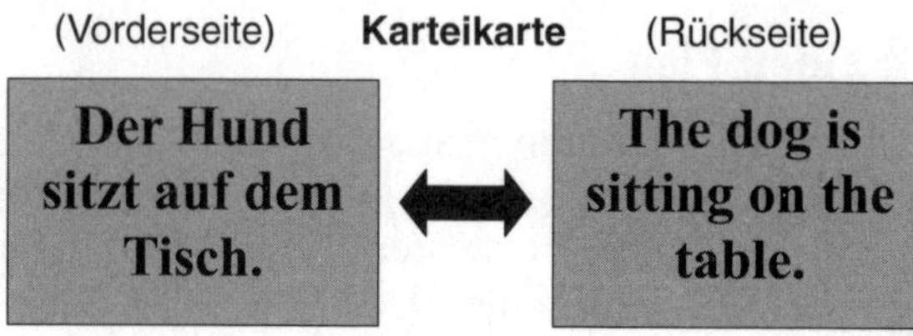

Es wäre sinnvoll, wenn Sie im Unterricht die Fremdwörter nun nicht mehr in das übliche Vokabelheft eintragen, sondern gleich in Form eines kurzen Satzes auf Ihren Karteikarten eintragen. Geben Sie Ihre beschriebenen Karteikarten nun in das erste Fach ihres Karteikastens. Wir empfehlen Ihnen, Ihr Wissen einen Tag später mithilfe der Karteikarten zu überprüfen und alles, was Sie ohne nachzuschauen gewusst haben, in das nächste Fach wandern zu lassen. Was Sie nicht wussten, verbleibt in Fach 1. Am nächsten Tag arbeiten Sie wieder mit den Vokabeln aus Fach 1 und 2. Auf diese Weise bearbeiten Sie alle Fächer des Karteikastens. Mit einer Ausnahme: Immer dann, wenn Ihnen eine Übersetzung entfallen ist, muss das Kärtchen zurück in das erste Fach, egal in welchem Fach es sich bereits befand. In der Zeichnung gehen wir in diesem Fall von Fach 4 aus. So ist gewährleistet, dass die Karte noch mehrfach bearbeitet wird.

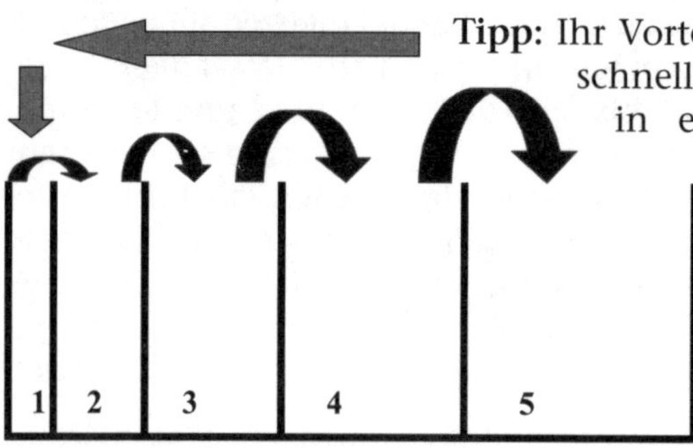

Tipp: Ihr Vorteil: Was sie können, wandert schnell in das 5. Fach und von dort in eine separate Wissenskartei. Was Sie sich noch nicht merken konnten, taucht immer wieder auf. Wie oft Sie sich mit einem Fach beschäftigen, hängt davon ab, wie viel Stoff von vorne nachkommt. Sie könnten so vorgehen, dass Sie stets dann mit einem Fach arbeiten, wenn es voll ist. Oder Sie sagen: Montag Fach 1, Dienstag Fach 2, Mittwoch Fach 3, Donnerstag Fach 4 und Freitag Fach 5. Am Wochenende machen Sie Pause. Entscheiden Sie selbst, wie Sie vorgehen wollen. Die Wiederholungsabstände dürfen nicht zu lange sein. Arbeiten Sie nicht nur mit Text, sondern verwenden Sie auch Skizzen und bildliche Darstellungen auf den Rückseiten.

Fitnesstraining für Körper und Geist

- **Ohrenmassage:** Massieren Sie nacheinander den äußeren Teil Ihrer Ohren. Dies verbessert nicht nur die Durchblutung Ihrer Ohren (außen und innen), sondern stimuliert die jeweils gegenüberliegenden Gehirnhälften und fördert auch dort den Energiefluss.
- **Klopfmassage:** Die Klopfmassage sorgt für eine gute Stimulation der Nervenbahnen entlang der Wirbelsäule und für Lockerung von Muskeln und Haut im Schulter-/Nacken-/LWS-Bereich. Energetische Stauungen werden aufgelöst.
  - Beklopfen Sie gleichzeitig mit Ihren beiden Handflächen den Bereich Ihres unteren Rückens (LWS-Bereich und Po-Ansatz). Dauer: ca. eine Minute.
  - Klopfen Sie dann abwechselnd mit der rechten Handfläche den Schulter-/Nackenbereich der linken Körperseite und mit der linken Handfläche den Schulter-/Nackenbereich der rechten Körperseite. Dauer: ca. eine Minute.
  - Ein Partner geht in eine leicht gebeugte Haltung, während der andere damit anfängt, ihn zu beklopfen. Vom Nacken bis zum Po-Ansatz wird nun entlang der Wirbelsäule (nicht auf der Wirbelsäule) kräftig geklopft. Die Vorstellung von Trommler und Trommel ist hilfreich. Dauer: zwei bis drei Minuten.
- **Über-Kreuz-Bewegungen:**
  - **Version 1:** Stehen Sie auf und gehen Sie in Ihrem Büro zügig ein paar Schritte oder laufen Sie auf der Stelle. Heben Sie deutlich die Beine, schwenken Sie Ihre Arme dabei. Dauer: ca. eine Minute.
  - **Version 2 (im Sitzen):** Heben Sie nacheinander die Beine an und klopfen Sie mit der jeweils gegenüberliegenden Hand abwechselnd auf den linken und rechten Oberschenkel.
  - **Version 3 (im Stehen):** Laufen Sie auf der Stelle und klopfen Sie dabei mit Ihren Händen auf die jeweils gegenüberliegenden Oberschenkel oder Knie.

Lockerung und Aufmunterung für zwischendurch

Vielleicht erklären Sie uns für verrückt, wenn wir Sie dazu ermutigen wollen, das Jonglieren zu trainieren. Aber das Besondere ist, dass Sie durch das Über-Kreuz-Jonglieren, das Sie mit drei Tüchern oder Bällen ausführen können, auf ideale Weise Körper und Geist trainieren. Schön ist auch, dass es sehr viel Freude bereitet. Es ist also eine wunderbare Methode, um zwischendurch für Auflockerung, Entspannung, Bewegung und Abwechslung zu sorgen. Um den Rahmen des Buches nicht zu sprengen, empfehlen wir Ihnen, sich eine einfache Anleitung zu besorgen oder die etwas ausführlichere Anleitung im Kapitel über Kinesiologie zu lesen.

Bei den einfachen Über-Kreuz-Techniken erreichen Sie ebenso wie bei den gymnastischen Übungen einen Ausgleich Ihrer Körperenergien. So lösen sich Blockaden auf einfache Weise.

Jonglieren

- wirkt konzentrationsfördernd,
- lockert den Schulter-, Nacken- und Lendenwirbelbereich,
- macht Spaß,
- bringt Sie auf andere Gedanken,
- hilft, kreative Lösungen herbeizuführen.

Lachen fördert die Gehirndurchblutung

Lachen entspannt, hilft Stresshormone abzubauen und fördert die Produktion von körpereigenen Endorphinen (Freudehormone). Lachen löst Blockaden und macht den Kopf frei für Lösungen und kreative Ideen. Auch wenn Sie im Moment nichts zu lachen haben, so tun Sie einfach mal so „als ob“. Verziehen Sie Ihr Gesicht und schneiden Sie ein paar Grimassen. Mit den Selbstlauten H**a**, H**e**, H**i**, H**o** und H**u** versuchen wir nun einmal, das Lachen zu üben.

Lachen Sie nacheinander mit: Hahahahaha, Heheheheh, Hihihihi usw. Das wiederholen Sie einige Male, um danach wieder an Ihre Arbeit zu gehen. Diese Übung sollten Sie überall dort durchführen, wo Sie auch andere Menschen mit Ihrem Lachen anstecken und zum Mitlachen animieren können.

Ätherische Öle stärken Gedächtnis, Kreativität und Persönlichkeit

Naturreine ätherische Öle haben in allen Kulturen seit jeher eine wesentliche Bedeutung in Heilkunde und Kosmetik. Doch ätherische Öle vermögen noch mehr: Sie können unsere Kreativität und Gedankenkraft steigern, die Konzentration und das Gedächtnis verbessern und unsere Stimmung in erheblichem Maß beeinflussen.

(Bild: Fa. Neumond)

Im Pflanzenreich dienen ätherische Öle als Botenstoffe. Sie ermöglichen die Kommunikation zwischen den Pflanzen untereinander und zwischen Pflanzen und Tieren. Ätherische Öle ermöglichen es den Pflanzen auch, Tiere anzulocken oder abzuschrecken. Versuche zeigten auch, dass Pflanzen durch die Produktion und die Abgabe ätherischer Öle anderen Pflanzen mitteilen können, dass es bei Wassermangel sinnvoll ist, die Wurzeln tiefer zu treiben oder bei starker Sonne die Blätter hängen zu lassen.

Auch an uns Menschen übermitteln ätherische Öle bestimmte Botschaften. Dabei setzen sie am innersten Verbindungspunkt von Körper, Seele und Geist an: im „limbischen System", der zentralen Schaltstelle unseres vegetativen Nervensystems.

Wenn wir ein Duftmolekül einatmen, wirbelt es mit der Atemluft an die Riechschleimhaut der Nase. Hier dockt es an spezielle Sinneszellen an, die den speziell zu diesem Geruch gehörenden Code kennen und diesen nun in das Riechzentrum des limbischen Systems weiterleiten.

Damit haben ätherische Öle einen unmittelbaren Einfluss auf unsere gesamte vegetative Reaktionslage und unseren gesamten Hormonhaushalte sowie auf unsere Stimmung.

So können wir davon ausgehen, dass ätherische Öle über das limbische System eine wesentliche Bedeutung für unsere geistige, seelische und körperliche Befindlichkeit und Gesundheit haben. Ätherische Öle bewirken eine „Beeinflussung des autonomen Nervensystems, welches u.a. Veränderungen von Blutdruck und Atmung kontrolliert. Diese Veränderungen sind bei emotionalen Reaktionen von Bedeutung!“ (1)

Düfte schmeicheln unserem Geruchssinn und haben Einfluss auf unser Denken, Fühlen und Handeln.

Sie prägen sogar unsere Persönlichkeit, steigern die Kreativitat (das divergente Denken) und die Sprachgewandtheit, regen das Kurzzeit- und das Langzeitgedächtnis an und verbessern die Fähigkeit zur Entwicklung von Strategien, Problemlösungen und Assoziationen.

Wie finde ich den richtigen Duft für mich?

Positive Gefühle erzeugen positive Gedanken! Deswegen ist bei der Auswahl der Öle in erster Linie wichtig, dass Ihnen der Duft eines Öles angenehm ist. Das Geruchsempfinden lässt sich nicht so leicht manipulieren wie das Hören oder das Sehen, deshalb können Sie sicher davon ausgehen, dass Ihnen ein Duft gut tut, den Sie als anregend, entspannend, erhebend oder erleichternd empfinden. Ein Geruch, den Sie als unangenehm empfinden, wirkt störend.

Es ist übrigens völlig normal, dass sich Ihre Vorlieben immer wieder verändern. Diese Änderung ist ein klarer Hinweis darauf, dass sich Ihre Bedürfnisse verschoben haben und Sie nun anders geartete Anregungen wünschen.

Daneben gibt es klare Erkenntnisse der Aromatologie, die aus Untersuchungen und Tests entstanden sind und die Ihnen als Anregung auf dem Weg zum richtigen Duft dienen können. Lesen Sie hierzu die folgenden Beispiele und Empfehlungen:

---

(1) Kolb/Wishaw, Neurophysiologie, Spektrum Akad. Vlg. 1996.

- **Aphrodisierende Düfte:** Angelikawurzel, Jasmin, Neroli (Orangenblüte), Niaouli, Patchouli, Rose, Sandelholz, Tuberose, Ylang Ylang
- **Aufbauende, aufmunternde Düfte:** Kardamom, Mairose, Mandarinen, Minze, Salbei, Zimt, Zitrone
- **Belebende, anregende Düfte:** Eukalyptus, Fichtennadel wild, Gewürznelke, Grapefruit, Ingwer, Kiefernnadel, Koriander, Lemongras, Minze, Muskatnuss, Niaouli, Olibanum (Weihrauch), Petit Grain (Bitterorangenblätter), Pfeffer, Rose, Spearmint (Krauseminze), Thymian, Vanille, Verbena, Zimt, Zirbelkiefer, Zitrone
- **Beruhigende Düfte:** Baldrian, Bay, Davana, Honig, Johanniskraut, Kamille, Majoran, Melisse, Mimose, Muskatellersalbei, Myrte, Narde, Neroli (Orangenblüte), Olibanum (Weihrauch), Rhododendron, Rose, Sandelholz, Thymian, Zedernholz, Zypresse
- **Entspannende, lösende, befreiende Düfte:** Anis (Samen), Baldrian, Basilikum, Bitterorange, Blutorange, Davana, Fenchel, Geranium, Immortelleöl, Kamille, Magnolienblüte, Majoran, Muskatellersalbei, Myrte, Narzisse, Niaouli, Rose, Sandelholz, Thymian, Vetiver, Wacholderbeere, Zypresse
- **Erfrischende Düfte, die wach machen:** Basilikum, Bitterorange, Blutorange, Cajeput, Elemi, Eukalyptus, Fichtennadel wild, Gewürznelke, Grapefruit, Kampfer, Kümmel, Lemongrass, Limette, Litsea cubeba, Minze, Myrte, Petit Grain (Bitterorangenblätter), Ravensara, Rhododendron, Rose, Tangerine, Tannenzapfen, Zirbelkiefer, Zitrone
- **Euphorisierende Düfte:** Jasmin, Muskatellersalbei, Ylang Ylang
- **Düfte, die die Meditation fördern und innerlich zentrieren:** Christrose, Elemi, Myrte, Neroli (Orangenblüte), Olibanum, Patchouli, Sandelholz, Ysop, Zypresse
- **Düfte für geistige Ausdauer, zur geistigen Arbeit und zur Konzentrationsförderung:** Basilikum, Bergamotte, Cajeput, Eukalyptus, Gewürznelke, Lemongrass, Minze, Spearmint (Krauseminze), Tanne, Thymian, Verbena, Zitrone
- **Schlaf fördernde Düfte:** Baldrian, Lavendel, Melisse, Mimose, Myrte, Neroli (Orangenblüte), Thymian
- **Wärmende Düfte:** Frangipani, Jasmin, Mandarine, Pfeffer, Rose, Sandelholz, Tannenzapfen, Zimt

Unser Tipp für besseren Lern- und Prüfungserfolg:

Finden Sie einen für Sie angenehmen und passenden Duft aus den Kategorien „Belebende, anregende Düfte“ oder „Beruhigende Düfte“. Sorgen Sie dafür, dass sich dieser Duft in ihrem Arbeits- bzw. Studierzimmer entfalten kann. Am Prüfungstag nehmen Sie Ihr Duftfläschchen mit und riechen bei Bedarf daran, oder Sie reiben sich etwas Öl auf die Haut, damit der Duft sie sanft und vertrauensvoll einhüllt.

Duftmischung für Erfolg

Es gibt Düfte, die bei Menschen eindeutig bestimmte Gedanken und Gefühle hervorrufen können. Wir möchten Sie dazu anregen, sich selbst einen Duft zusammenstellen, der für Sie ein äußerst positives Gefühl hervorruft. Lassen Sie sich genügend Zeit, um den für Sie passenden Duft zu finden. Wenn Sie so weit sind, sollten Sie das Duftfläschchen bei sich tragen und immer dann, wenn Sie besondere Glücksgefühle und Erfolgserlebnisse haben, einen tiefen Atemzug davon nehmen. Mit der Zeit wird dieser Duft zum Anker für Selbstvertrauen und Erfolg und Sie können ihn dafür nutzen, sich in eine zuversichtliche und positive Stimmung zu bringen.

Fertige Duftmischungen der Firma Neumond:

- **Frische Brise** ist eine leicht kühlende Komposition aus Minze, Orange, Limette und anderen ätherischen Ölen.
- **Gute Fahrt** fördert die Aufmerksamkeit und Konzentration mit einer Rezeptur aus Lemongras, Minze, Zirbelkiefer und anderen ätherischen Ölen.
- **Der fruchtig frische Morgentau**, mit Litsea cubeba, Cajeput und Linaloeholz, stimmt heiter, hat eine belebende Wirkung und fördert Konzentration und Lernfähigkeit.

Fertige Duftmischungen der Firma Primavera:

- **Gute Laune Düfte** aus Mandel, Lilmette, Litsea, Vanilleextrakt, Orange, Tolu, Grapefruit, Blutorange, Neroli, Petit Grain Clementinier, Clementine, Kakaoextrakt, Honigwabe
- **Entspannungs- und Wohlfühldüfte** aus Rosengeranie, Lavendel, Ho-Blätter, Linaloeholz, Sandelholz, Muskatellersalbei, Zeder, Neroli, Basilikum, Rose, Kamille, Mimose, Neroli, Melisse, Majoran, Fenchel süß, Tulsi, Johanniskraut

Die Adressen beider Firmen finden Sie im Anhang.

Wie wende ich ätherische Öle an?

Mit der bewährten und praktischen Duftlampe schaffen Sie besonders leicht ein angenehmes Raumklima. Geben Sie in die mit Wasser gefüllte Verdunsterschale Ihrer Duftlampe 3 bis 10 Tropfen eines naturreinen ätherischen Öles. Ein Teelicht unter der Schale erhitzt die Mischung und der Duft der feinen Öle kann sich verteilen.

Für größere und große Räume eignen sich elektrische Verdunster, z.B. der „Aroma-Stream" der Fa. Neumond. Der „Aroma-Stream" verbreitet den Duft ätherischer Öle mithilfe eines elektrischen 2-Stufen-Gebläses.

Keramik-Duftsteine sind besonders praktisch, wenn an verschiedenen Orten in einem Raum verschiedene Düfte vorherrschen sollen.

Der „Duftbrunnen" ist eine noch recht neue Möglichkeit zur Anwendung ätherischer Öle. Eine Mischung aus Wasser und ätherischen Ölen wird durch eine Pumpe im Fluss gehalten und plätschert sanft an einer Kugel herab. Auch die Duftbrunnen verdunsten besonders schonend ohne Wärme. Neben ihrer eigentlichen Bestimmung als Verdunster erzeugen Duftbrunnen in unseren meist zu trockenen Räumen ein gesundes Klima mit angenehmer Luftfeuchtigkeit.

Sollten Sie ätherische Öle am Körper verwenden wollen, dann geben Sie einige Tropfen eines ätherischen Öles auf ein Taschentuch, an dem Sie immer wieder schnuppern, oder tragen Sie einfach „Ihr Öl" bei sich und schnuppern Sie am Fläschchen.

Auch in Körper- und Massageölen, in aromatischen Bädern, Parfüms und in Verdünnung auf Kompressen entfalten ätherische Öle ihre Kraft. Die Wirkstoffe der naturreinen ätherischen Öle werden so nicht nur über die Nase, sondern auch von der Haut aufgenommen und mit dem Blutkreislauf im Körper verteilt. Bitte beachten Sie aber, dass Sie ätherische Öle gewöhnlich auch äußerlich nur verdünnt anwenden sollten.

Für ein Körperöl mit Ihrem Duft, der Sie dann den ganzen Tag sanft begleitet, geben Sie auf 50 ml Basisöl (kaltgepresste Pflanzenöle, wie Jojoba-, Mandel-, Macadamiaöl) 7 bis 10 Tropfen eines oder mehrerer ätherischer Öle (20 Tropfen entsprechen 1 ml).

In einem erfrischenden Morgen- oder beruhigenden Abendbad entfalten sich die Duftessenzen besonders gut und werden sowohl über die Geruchsnerven als auch über die Haut aufgenommen. Lösen Sie einfach 5 bis 10 Tropfen eines oder mehrerer ätherischer Öle in einigen Esslöffeln Honig, süßer Sahne, Flüssigseife oder Shampoo auf und rühren Sie die Mischung mit langsamen Bewegungen ins Badewasser.

Wo bekomme ich naturreine ätherische Öle?

Bei ätherischen Ölen gilt ganz besonders, dass das Ganze mehr ist als die Summe seiner Teile. Nur naturbelassene, naturreine ätherische Öle enthalten jene organisch zusammengesetzten, durch die natürlichen Elemente aufgebauten multifaktoriellen Wirkkomplexe, die die Chemie nicht nachvollziehen und nachbilden kann.

Als Stimulanzen unserer Kreativität und Geisteskraft eignen sich deswegen ausschließlich naturreine ätherische Öle. Isolierten Stoffen fehlt der Verbund mit anderen organischen Stoffen, die deren Wirkung verstärken oder verändern, synthetischen Duftstoffen fehlt eben die Natur und damit die Seele.

Da die weitestgehende Naturreinheit ein wesentlicher Faktor der Kraft eines Öles ist, sind Öle aus kontrolliert biologischem Anbau den konventionell erzeugten Ölen grundsätzlich vorzuziehen.

Kaufen Sie ätherische Öle bei einem Händler, dem Sie vertrauen können und der nachweislich Wert auf die Naturreinheit und Qualität seiner Produkte legt.

Mit ruhigen Gewissen können wir Ihnen die Produkte der Firmen Neumond und Primavera empfehlen. Sie sind erfahrene Hersteller sowohl von hochwertigen Einzelölen als auch von speziellen Duftkompositionen naturreiner ätherischer Öle.

So werden Sie zum Gedächtniskünstler

Wenn Sie uns bis hierher gefolgt sind, dann dürfte Ihnen aufgefallen sein, dass wir Sie auf der einen Seite zwar zu Gedächtnisübungen wie dem bildhaften Vorstellen und dem bildhaften Assoziieren anregen, aber dass wir Sie genauso dazu anleiten wollen, immer wieder in Frage zu stellen, ob Sie schon am richtigen Platz sitzen oder ob Sie Ihre Arbeit nur deswegen ausführen, damit Sie mit dem verdienten Geld Ihre monatlichen Kosten decken können.

Je weiter Sie mit Ihrer beruflichen Tätigkeit und dem damit verdienten Geld von Ihrem eigentlichen Lebensziel und Lebenssinn entfernt sind, umso mehr Gedächtnistraining werden Sie benötigen. Sie müssen mehr Aufwand betreiben, um sich das, was Sie nicht von innen heraus erfüllt, einzuprägen oder zu bearbeiten. Klar, nicht jeder kann einen Beruf ausüben, der nur Freude bereitet und Spaß macht. Aber wir müssen auf jeden Fall eine Brücke bauen zwischen der Tätigkeit, mit der wir unser Geld verdienen, und mit unserem Leben allgemein. Wenn wir stets im Bewusstsein haben, wofür wir arbeiten, dann gelingt es auch mit Freude. Jemand, der seine Familie liebt und gerne für sie da ist, der wird, wenn erforderlich, auch in Nachtschicht am Fließband arbeiten. Letztendlich entscheidet auch hier wieder unsere Einstellung.

Jetzt aber zu einem der kraftvollsten menschlichen Werkzeuge, dem Mentaltraining.

Geistige Fitness durch Mentaltraining

Mittlerweile konnten Sie ja schon einige Erfolgserlebnisse ernten. Doch bevor wir mit dem Gedächtnistraining fortfahren, möchten wir Sie zum Mentaltraining anleiten. Die wunderbaren Erfolge des Mentaltrainings sollten nicht nur den Spitzensportlern oder den Topmanagern vorbehalten bleiben, sondern wir müssen uns bewusst machen, dass wir geistige Werkzeuge nutzen können, um uns auf Gesundheit, Erfolg und Gelingen einzustellen. Mentaltraining dient uns als Schlüssel zu verborgenen Fähigkeiten.

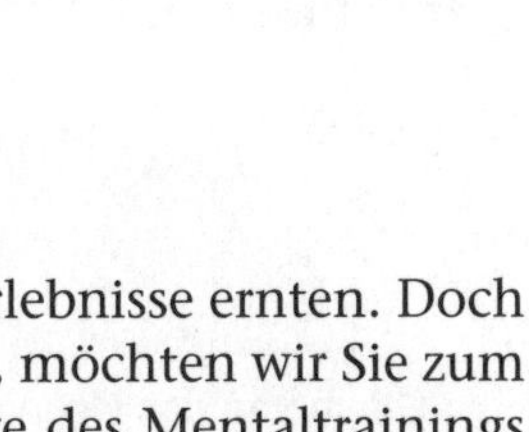

Wir betreiben ständig Mentaltraining, auch wenn wir es bewusst gar nicht mitbekommen. Das Verflixte an der Sache ist nur, dass wir uns unbewusst leider zu oft in die falsche Richtung bewegen. Wenn Sie z.B. nächste Woche eine Prüfung ablegen müssen, von der Sie wissen, dass sie nicht ganz einfach sein wird. Wie erleben Sie die Zeit davor? Sagen Sie sich täglich mehrmals: „Ich freue mich auf die Prüfung!“? Oder stärken Sie schon jeden Morgen vor dem Aufstehen Ihr Selbstvertrauen, indem Sie sich vor Ihrem inneren Auge vorstellen, wie Sie die Prüfung bereits geschafft haben? Nein, in den meisten Fällen erschaffen wir Vorstellungen, die mit Angst und Versagen zu tun haben. Das nennen wir unbewusstes negatives Mentaltraining.

Was wir Ihnen empfehlen wollen, hat viel mit dem positiven Denken zu tun – was aber nicht bedeutet, dass Sie alles nur noch mit einer rosa Brille betrachten sollen. Es geht darum, die Herausforderungen und Aufgaben des Lebens zu erkennen, sich klar für etwas oder gegen etwas zu entscheiden und dann den Weg mit Unterstützung des bewusst positiven Mentaltraings zu gehen.

Wir nutzen dabei auch das große Repertoire unseres Unterbewusstseins. Einstein sagte einmal, wir nutzen nur 10 % unseres geistigen Potenzials. C.G. Jung und Sigmund Freund waren sich darüber einig, dass 1/7 unserer Fähigkeiten und Verhaltensweisen bewusst sind und dass die restlichen 6/7 im Bereich des Unbewussten schlummern.

Das mentale Dreieck

Wenn es Menschen gibt, die barfuß und unversehrt über 800 Grad heiße Kohlen gehen können, oder wenn wir Fakire erleben, die mit ihrem Körper die unvorstellbarsten Dinge tun, ohne dabei Schmerzen zu verspüren, dann bekommen wir eine Idee von Bewusstseinsebenen, die den meisten Menschen verschlossen sind. Es sind die Kräfte des Geistes, der Suggestion, der Imagination und des Glaubens, wobei hier der Glaube an das Gelingen gemeint ist.

Die Praxis des Mentaltrainings

Wir nehmen einmal an, Sie sind Tierfreund und kämpfen für das friedliche Zusammenleben von Mensch und Tier. Genau in drei Tagen, abends um 20.00 Uhr, wollen Sie erstmals Ihre Gedanken einer großen Anzahl von Menschen präsentieren. Der Vortrag findet in Frankfurt auf dem Messegelände statt. Presse, Rundfunk und Fernsehen haben sich auch schon angemeldet. Hier nun unsere Empfehlung, wie Sie vorgehen können (ähnlich können Sie sich auch bei Prüfungen und Präsentationen oder sogar für den Zahnarztbesuch vorbereiten):

1. Voraussetzung für das Gelingen des Mentaltrainings ist, dass Sie sich nach bestem Wissen und Gewissen mit allen Ihnen zur Verfügung stehenden Mitteln informieren und vorbereiten.
2. Hören Sie spätestens am Vorabend des Vortrags auf, sich noch zusätzliches Wissen anzueignen. Bleiben Sie aber offen für interessante Impulse aus Tageszeitungen, Rundfunk, Fernsehen und Gesprächen.
3. Formulieren Sie spätestens drei Tage vor dem Termin eine Suggestion bzw. eine Affirmation, mit der Sie die erfolgreiche Situation in wenigen Worten positiv beschreiben. Ideal wäre natürlich, wenn Sie bereits 21 Tage vor dem Ereignis damit beginnen, Ihre positive Suggestion/Affirmation wirken zu lassen. Der Satz könnte, je nachdem, was Sie bewirken wollen, unterschiedlich lauten, so z.B.: **„Ich bin während des Vortrages ruhig und konzentriert“** oder **„Während ich mich an alle wichtigen Dinge erinnern kann, begeistere ich mein Publikum“** oder **„Ich kann meinem Gedächtnis und meiner positiven Ausstrahlung vertrauen“** oder **„Ich gebe am … mein Bestes und überzeuge mein Publikum mit kraftvollen Argumenten“.** Lernen Sie diesen Satz auswendig, so dass sie ihn bis zum Vortrag noch viele Male wiederholen können. **Wichtig ist, den Satz vor dem Einschlafen und gleich nach dem Aufwachen zu sprechen oder in Gedanken zu formulieren.**
4. Setzen Sie sich bequem hin, schließen Sie ihre Augen und versetzen sie sich geistig in den Vortragsraum. Nun stellen Sie sich vor, wie Sie konzentriert, überzeugend und erfolgreich vor Ihren Zuhörern referieren. Sie brauchen sich dabei nicht auf einzelne Worte und Passagen zu konzentrieren. Gehen Sie auch mit Ihren Gefühlen und all Ihren Sinnen (sehen, hören, riechen, schmecken, tasten) in die Situation hinein. Zum Abschluss hören Sie, wie die Zuhörerschaft Ihnen applaudiert, usw. … Diesen Schritt nennen wir Imagination (energiegeladene bildhafte Vorstellung). Sie wirkt sehr tief in Ihrem Bewusstsein und auch in Ihrem Unterbewusstsein. So werden begleitend auch ca. 70 Billionen Körperzellen auf Erfolg programmiert.

5. Versuchen Sie, in der Zeit bis zum Vortrag nicht ins Grübeln zu kommen. Immer wenn sich negative Gedanken einstellen, beachten Sie diese nur kurz, wägen ab, ob sie Ihnen vielleicht auch wichtige Signale liefern. Wenn ja, beziehen Sie diese zusätzlichen Informationen in Ihre Vorbereitung und das Mentaltraining mit ein, wenn nein, bringen Sie Ihr Erfolgsprgraomm wieder durch die positive Affirmation in Ihr Bewusstsein.
6. Versuchen Sie, an das Gelingen zu glauben. Machen Sie sich bewusst, was Sie in Ihrem Leben schon geschafft haben. Sie wurden geboren und haben bis heute überlebt. Allein das ist eine Meisterleistung. Vertrauen Sie Ihrer Intuition, Ihrem Wissen und Ihrer Lebenskraft.
7. Sollten Sie trotz intensiver Vorbereitung und Mentaltraining nicht perfekt sein oder Fehler machen, so nehmen Sie diese als Chance, um zu lernen. Perfektionieren Sie sich weiterhin. Optimieren Sie Ihre Erfolgsstrategie und verfeinern und intensivieren Sie Ihr Mentaltraining.
8. Wenn Sie noch nie Mentaltraining praktiziert haben, beginnen Sie in kleinen Schritten mit Dingen, die Sie auch für möglich halten. Versuchen Sie nicht, Bäume zu entwurzeln oder Ufos herbeizuzaubern. Es geht nicht darum, dass Sie sich beweisen, dass Mentaltraining nicht funktioniert, sondern dass Sie Ihre Aufmerksamkeit und Ihre geistige und körperliche Kraft gezielt in die Richtung lenken, die für Sie persönlich den erstrebenswerten Erfolg verspricht.

Hier noch einmal die einzelnen Schritte in Kürze

1. Bestmögliche Vorbereitung mit allen zur Verfügng stehenden Mitteln
2. Am Tag zuvor die aktive Lernphase abschließen
3. Positive Affirmation/Suggestion formulieren
4. Aktive Erfolgsimagination vor dem geistigen Auge
5. Achten Sie auf mögliche Impulse.
6. Rufen Sie sich bisherige Erfolgserlebnisse in Erinnerung.
7. Verfeinern Sie Ihre Strategie, bis Sie am gewünschten Ziel ankommen.
8. Beginnen Sie immer in kleinen, erreichbaren Schritten.

Trainieren Sie Ihre Imaginationsfähigkeit

Ein entscheidender Faktor für die Kraft des Mentaltrainings ist die Fähigkeit, sich bildhaft und plastisch ein Ziel vorzustellen, d.h., vor dem inneren Auge bereits das Gelingen vorwegzunehmen. Auch das sind eigentlich alltägliche Dinge, die wir meist jedoch nicht bewusst wahrnehmen. Es folgen Übungen, mit denen Sie Ihre Vorstellungskraft auf allen Sinnesebenen trainieren können.

- **Visuelle Imagination** (stärkt das Gedächtnis für Gesehenes)
  1. Besorgen Sie sich einige Gegenstände, die sie vor sich auf den Tisch legen. Betrachten Sie nun einen Gegenstand etwas genauer, schauen Sie sich seine Größe, Farbe und Form genau an.
  2. Schließen Sie nun die Augen und versuchen Sie, auf der inneren Leinwand, ein klares Abbild des Gegenstandes zu erzeugen. Wenn Sie sich unsicher fühlen, öffnen Sie die Augen und vergleichen Sie, so lange, bis das innere Bild dem äußeren entspricht.
  3. Trainieren Sie mit wechselnden Gegenständen Tag für Tag, Woche für Woche, bis es Ihnen schnell gelingt, etwas zu sehen, und Sie für längere Zeit ein klares inneres Bild parat haben.
- **Auditive Imagination** (hilft Ihnen, sich an Gespräche zu erinnern)
  1. Suchen Sie sich Gegenstände, mit denen Sie Klänge erzeugen können, oder nehmen Sie Instrumente zur Hand. Beginnen Sie mit, einfachen Klängen durch Klopfen und Reiben und trainieren Sie auch mit Ihrer Stimme. Später fahren Sie fort, indem Sie sich einzelnen Musikstücken zuwenden.
  2. Schreiten Sie auch bei dieser Übung in kleinen Schritten voran, indem Sie erst einfache Einzelklänge mit ihrem inneren Gehörsinn repräsentieren lernen, und steigern Sie Ihre Fähigkeiten bis hin zu ganzen Kompositionen.
  3. Sollten Sie noch kein Instrument spielen oder in Ihre Freizeit nicht in einem Chor verbringen, so möchten wir Sie gerne dazu anregen. Auf die positiven Zusatzeffekte, die sich daraus ergeben, brauchen wir Sie bestimmt nicht hinzuweisen.
- **Olfaktorische Imagination** (trainiert die Unterscheidung von Gerüchen)
  1. Nehmen Sie aus Ihrem Haushalt einige Dinge zur Hand, die einen eindeutigen Duft besitzen. Ideal sind Obst, Gemüse, Gewürze usw.
  2. Beginnen Sie mit Düften, die Sie bereits gut kennen, und steigern Sie sich, indem Sie sich mehr und mehr an Dinge heranwagen, die kaum mehr zu unterscheiden sind. Finden Sie heraus, wie sich Düfte unterscheiden lassen. Vielleicht wollen Sie auch Worte dafür finden (süßlich, würzig, herb, frisch, blumig ...).

- **Gustatorische Imagination** (hilft Ihnen, Geschmack zu unterscheiden)
  1. Finden Sie Nahrungsmittel, die Sie verkosten können, um herauszufinden, was den besonderen Geschmack jeweils ausmacht und wie er sich von anderen Geschmackswahrnehmungen unterscheidet.
  2. Üben Sie auch hierbei wieder, sich in Worten auszudrücken.
  3. Eine schönes Spiel ist es auch, in einer kleinen Gruppe Dinge zu kosten, indem man die sinnliche Erfahrung danach in Worten beschreibt.
- **Haptische Imagination** (trainiert die Sensorik unserer Haut)
  1. Legen Sie Gegenstände verschiedenster Art zurecht und beginnen Sie, die einzelnen Dinge nacheinander zu ertasten. Versuchen Sie, Oberflächen und Strukturen zu unterscheiden, und ertasten Sie auch den Unterschied verschiedener Materialien. Metalle fühlen sich anders an als Kunststoff, Holz anders wie Glas.
  2. Wenn Sie einen Übungspartner haben, geht jeder mit einer Tasche auf die Suche nach verschiedenen Gegenständen, um sie, ohne sie dem Partner zu zeigen, in der Tasche verschwinden zu lassen.
  3. Nun übergibt man jeweils die gefüllte Tasche an den Übungspartner, der dann der Reihe nach nur mit der Hand die einzelnen Gegenstände ertastet, ohne die Gegenstände mit den Augen zu erfassen.

Zur Verbesserung unserer Lerngeschwindigkeit und unserer Aufnahmefähigkeit ist es wichtig, sauber wahrzunehmen, genau zu beobachten. Letztendlich können wir nur repräsentieren, was wir auch gesehen, gehört, gerochen, geschmeckt und ertastet haben. Zusätzlich gilt noch: Je freudiger wir gestimmt sind, umso offener sind unsere Sinneskanäle und umso schärfer ist unsere Wahrnehmung.

Was für Lernen und Gedächtnis Erfolg bringt, ist auch Voraussetzung für wirksames Mentaltraining. Je klarer und kraftvoller Sie sich Ihre Gesundheit, die gelungene Prüfung oder Ihr Verkaufsgespräch vorstellen können, umso stärker werden Sie von diesem Zielbild motiviert und getrieben und umso besser arbeiten auch Ihre 70 Billionen Körperzellen mit.

Das praktische Erarbeiten Ihres Lernstoffs können Sie durch Mentaltraining nicht ersetzen – aber Sie können Ihre Aufnahme- und Konzentrationsfähigkeit mit Mentaltraining immens steigern und sich in eine positive Grundstimmung versetzen, die für das Lernen, Verarbeiten und Erinnern sehr wichtig ist.

Optische Täuschung oder was?

Bevor wir Kurs auf das nächste Erfolgserlebnis nehmen und die Zahlenbilder von 11 bis 20 erlernen, sollten wir wieder einmal entspannen, wegdenken, ab- und umschalten. Mit dem Bild auf Seite 76 können Sie eine sehr interessante Erfahrung machen. Sie werden sich gleich vorkommen wie ein Diaprojektor. Um dies zu erleben müssen Sie darauf achten, dass genügend Licht auf diese Buchseite scheint, und sich für mindestens eine Minute nur auf den markierten Punkt des Bildes konzentrieren. Schauen Sie dorthin, bis es Ihnen vorkommt, als wenn Sie durch den Punkt hindurchsehen. Es kann sein, dass das Gesamtbild vor Ihren Augen verschwimmt. Nach dieser Zeit schauen Sie direkt auf eine weiße Fläche bzw. helle Fläche, blinzeln etwas und Sie werden staunen, was Sie dort erblicken können.

Es handelt sich um König Ludwig XIV (Sonnenkönig). Wodurch dies zustande kommt, das können wir Ihnen nicht genau erklären, aber es hat auf jeden Fall damit zu tun, dass die Augen jeweils ein Bild in die gegenüberliegende Gehirnhälfte übertragen und es in der weiteren Verarbeitung dann wieder zusammengefügt wird. Wir sind der Sache auch nicht weiter nachgegangen, sondern waren fasziniert vom Ergebnis.

Erwarten Sie jedoch nicht, dass es bei Ihnen gleich funktioniert. Gelingt es Ihnen nicht, sollten Sie vielleicht Ihre Brille abnehmen oder mehr Licht auf das Bild scheinen lassen. Den besten Effekt erreichen Sie, wenn Sie während der Konzentrationsübung nicht mit den Augen blinzeln. So, nun wünschen wir Ihnen eine interessante Erfahrung.

Erfolgsprogrammierung für ein Super-Gedächtnis

Eindrücke, Erfahrungen und emotionale Zustände jeglicher Art wirken intensiv und anhaltend auf unser Denken, Fühlen und Verhalten.

Mit Hilfe einer einfachen, aber wirksamen Technik können wir die für uns positiven Erlebnisse dafür nutzen, unsere Gedächtnisleistung zu verbessern und die Konzentrationsfähigkeit zu steigern.

In den bisherigen Gedächtnistraining-Übungen haben wir erfahren, dass Lernen immer eine Assoziation voraussetzt. Im täglichen Leben werden Informationen und Erfahrungen stets auch mit den umliegenden Gegebenheiten und unseren Emotionen gekoppelt. Dies geschieht meist unbewusst. Umso erstaunlicher ist es für uns, dann festzustellen, dass wir durch bestimmte Schlüsselworte, Düfte oder die Gestik eines Kollegen in kraftvolle oder auch demotivierende Zustände kommen. Kennen Sie die „Beckerfaust"? Für Boris Becker ist sie ein Anker für Erfolg, Gelingen, Sieg. Das war sie nicht von Anfang an, sondern dieser Anker hat sich über Tage, Wochen und Monate hinweg etabliert. Durch diese Gestik findet Boris Zugang zu seinen Ressourcen. Wir gehen täglich mit einer Vielfalt von Ankern um. Der erhobene Zeigefinger, Lob, Verbote, Rituale, Körperhaltungen, alle haben sie etwas gemeinsam: Sie bringen uns in ganz bestimmte Zustände. Das ist nichts anderes als eine Konditionierung unseres Nervensystems gemäß den Erkenntnissen von Pawlow bei seinen Hundeversuchen.

Wie können wir diese Erkenntnis für uns nutzen?

Ein Beispiel: Stellen Sie sich einmal vor, Sie würden immer dann, wenn Sie in einem hervorragenden Bewusstseinszustand sind und sich richtig wohl fühlen, in die Hände klatschen. Was glauben Sie, würde geschehen, wenn Sie in einem Zustand der Niedergeschlagenheit gleichfalls oder ganz zufällig in die Hände klatschen? Richtig! Ihr Zustand würde sich verändern. Ihr Nervensystem erinnert sich und sorgt nun für die Produktion sog. Endorphine (Freudehormone). So wollen wir nun die Chance ergreifen und einen geeigneten Anker setzen, der Sie auf dem Weg zu einem besseren Gedächtnis sicher begleitet.

Die Drei-Finger-Technik

Sie können sich bestimmt vorstellen, dass sowohl die „Beckerfaust“ als auch das Händeklatschen keine geeignete Methode darstellen, um im Alltag, möglichst unauffällig für andere, in einen ressourcevollen Zustand zu kommen. Deshalb bedienen wir uns der sog. Drei-Finger-Technik, die in Originalform bereits seit vielen Jahren in den Seminaren von José Sylva gelehrt wird. Über 4 Millionen Menschen weltweit praktizieren erfolgreich die Silva Mind Control Methode. Wir halten die folgende, etwas abgewandelte Form für sehr effizient und wirksam.

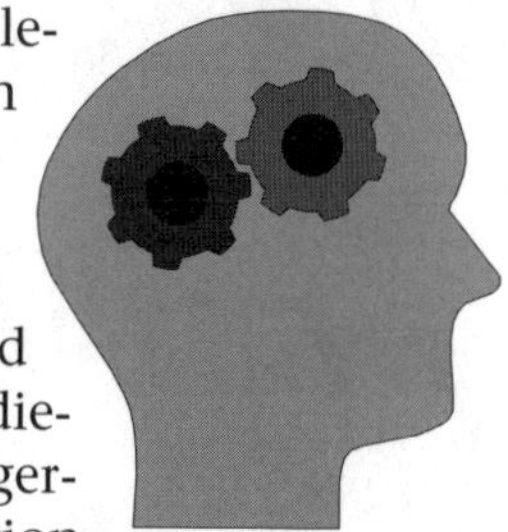

1. **Einstimmung und Affirmation** Setzen oder legen Sie sich bequem hin und gehen Sie in einen Entspannungszustand. Wenn Sie im Geiste Ihren idealen Ruheort erreicht haben, führen Sie körperlich den Daumen, Zeigefinger und Mittelfinger Ihrer rechten (Linkshänder links) Hand an den Fingerspitzen zusammen. Fühlen Sie in diese Gestik hinein, bis Sie das Pochen in den Fingerkuppen deutlich spüren. Nun folgt die Affirmation für ein besseres Gedächtnis und gesteigerte Konzentration. Sagen Sie sich in Gedanken oder auch laut: Immer wenn ich die drei Finger in dieser Art zusammenführe, bin ich konzentriert und aufmerksam. Ich halte dabei Kontakt zu meinen besonderen Fähigkeiten und Potenzialen. Geistige Wachheit, ein gutes Gedächtnis und Konzentrationsfähigkeit sind meine Realität.
2. **Weitere Bestätigung in der täglichen Praxis**
Immer dann, wenn Sie einen für Sie optimalen, ressourcevollen Zustand im Alltag erleben, führen Sie die drei Finger zusammen und bestätigen sich praktisch Ihren Erfolg oder irgendeine besondere Erfahrung. So geben Sie diesem Anker mehr und mehr Wirksamkeit und Kraft. Sie unterstützen damit die Verbindung zwischen positiven Erlebnis und der Gestik.
3. **Anwendung im Alltag**
Immer dann, wenn Sie es im Alltag für notwendig halten, Ihren Zustand zu optimieren, auf Lernbereitschaft und Erfolgsbewusstsein umzuschalten, können Sie dies mit Unterstützung der Drei-Finger-Technik tun. Sie wirkt wie ein Lichtschalter, der den vorher dunklen Raum erhellt. Drücken SIe den Schalter, wenn Sie geistige Frische und Energie benötigen.

Mit jedem Tag wirkt diese Technik stärker und stärker. Sie können einen regelrechten Erfolgsanker kreieren. Probieren Sie es aus, Sie werden staunen. Während Sie einen Vortrag halten, haben Sie eine gute Mögichkeit, diese Technik zu nutzen. Hierzu folgen später noch weitere Anleitungen und Vorbereitungen. Jetzt aber erst einmal zu einer besonderen Art der Gedächtniskunst.

Die Zahlen-Bild-Methode von 1 bis 10

Sie wissen bestimmt aus eigener Erfahrung, wie schwierig es ist, sich Zahlen, Termine und Erledigungen zu merken, vor allem wenn es mehr als fünf oder sieben sind. Oftmals bringen wir dabei alles durcheinander. Mit der Zahlen-Bild-Methode wird uns dies nicht mehr passieren. Zahlen, die wir zuvor in Bilder umwandeln, dienen uns als geistige Schubladen und Platzhalter für Informationen.

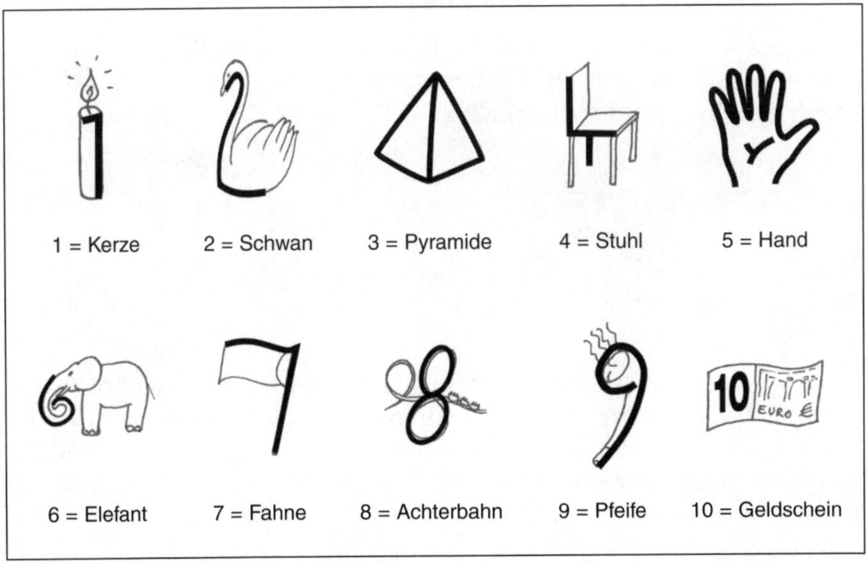

Diese Zahlensymbole sind mögliche Platzhalter für alles, was Sie sich kurzfristig einprägen wollen, und sie sind aufsteigend den Zahlen von 1 bis 10 zugeordnet. So erhalten wir beim Verknüpfen mit irgendwelchen Daten automatisch eine Reihenfolge.

Bevor Sie allerdings mit der Praxis beginnen, prägen Sie sich die Zahlensymbole ganz fest ein. Machen Sie sich ein farbiges, bewegtes Bild von der Kerze, dem Schwan, der Pyramide usw. Versuchen Sie auch, andere Sinneswahrnehmungen in Ihre Vorstellung mit einzubeziehen. Je lebhafter und kraftvoller die Grundsymbole in Ihrer Phantasie gespeichert sind, umso leichter können Sie mit ihnen arbeiten.

Da Ihr Unterbewusstsein am liebsten in Bildern denkt, tun Sie ihm mit dieser Methode einen großen Gefallen. Sie werden bald merken, dass es sehr viel Freude macht, mit dieser spielerischen Technik zu arbeiten.

Übung: Lernen Sie die Symbole 1 bis 10

1. Zählen Sie in Gedanken und in Bildern von 1 bis 10 vorwärts.
2. Zählen Sie in Gedanken und in Bildern von 10 bis 1 rückwärts.
3. Nun stellen Sie sich vor, dass Sie die Zahlensymbole mit Energie aufladen, d.h., nochmal Farbe, Bewegung und Action hineinbringen.

Übung: Merken Sie sich eine Einkaufsliste

Notieren Sie hier 10 Dinge, die Sie in einem Supermarkt bekommen können. Achten Sie darauf, dass diese Gegenstände möglichst unterschiedlich sind.

1 ________ 2 ________

3 ________ 4 ________

5 ________ 6 ________ 7 ________ 8 ________

9 ________ 10 ________

Verknüpfen Sie diese Begriffe nun nacheinander mit den Symbolen von 1 bis 10. Schreiten Sie erst fort, wenn Sie eine bildhafte und plastische Assoziation hergestellt haben zwischen dem jeweiligen Symbol und Ihrem Einkaufsgegenstand. Hier gilt dasselbe wie bei den Wortpaaren (Chemiker – Skateboard ...).

Nun schließen Sie Ihre Augen und gehen in Gedanken von Kerze bis Geldschein. Sie werden mit Erstaunen feststellen, dass Sie sich an alle Gegenstände erinnern können. Schließen Sie nun das Buch und schreiben Sie Ihre Einkaufsliste auf ein leeres Blatt.

> Lernen ist immer Assoziation – und was Sie einmal bildhaft und plastisch miteinander verknüpft haben, das können Sie auch wieder erinnern.

Vielleicht ist Ihnen irgendein Begriff auch entfallen. Dann seien Sie nicht gleich enttäuscht, sondern finden Sie bitte heraus, woran es gelegen hat. Wahr-scheinlich war Ihre Assoziation nicht gut genug. Es bedarf sicherlich auch noch etwas Übung.

Übung: Merken Sie sich eine Erledigungsliste

Wählen Sie jetzt gleich einmal 10 einfache Tätigkeiten, die Sie in nächster Zeit erledigen wollen, und schreiben Sie diese stichwortartig auf. Z.B. Auto tanken, Steuererklärung machen...

1 ______

2 ______

3 ______

4 ______

5 ______

6 ______

7 ______

8 ______

9 ______

10 ______

Verknüpfen Sie nun eine Erledigung nach der anderen mit den entsprechenden Symbolen von 1 bis 10. Genauso, wie Sie es vorhin mit der Assoziationsübung (Chemiker – Skateboard und mit den Einkaufsgegenständen) gemacht haben. Wenn Sie als Erstes den Rasen mähen wollen, so stellen Sie in Ihrer Phantasie z.B. die Kerze auf den Rasenmäher usw. Können Sie sich nun vorstellen, wie viel Freude in dieser wunderbaren Gedächtnistechnik steckt? Sobald Sie sich an die Erledigungen erinnern wollen, betrachten Sie lediglich die jeweiligen Symbole und dabei fällt Ihnen dann die entsprechende Tätigkeit ein. So einfach ist es. Das Tolle an der Sache ist auch, dass die Symbole ganz automatisch wieder frei für Neues werden, sobald die aktuellen Tätigkeiten ausgeführt sind.

> Sie besitzen ein Erinnerungssystem, das sich ständig aktualisiert. Was erledigt ist, tritt in den Hintergrund; was noch zu tun ist, bleibt in Erinnerung.

Bei dieser Übung haben die Seminarteilnehmer regelmäßig grandiose Erfolgserlebnisse. Aber richtig interessant wird es erst, wenn Sie 20 Bildsymbole gespeichert haben und damit arbeiten können.

Die Zahlen-Bild-Methode von 11 bis 20

Nachdem Sie die ersten Erfolgserlebnisse mit den Zahlsymbolen von 1 bis 10 hatten, können wir das System bis 20 erweitern.

11 = Ski 12 = Uhr 13 = Katze 14 = Blitz 15 = Fahrstuhl

16 = Schnecke 17 = Kran 18 = Ampel 19 = Ballon 20 = Gondel

Übung 1: Zählen Sie in Gedanken von 11 bis 20 und von 20 bis 11.

Übung 2: Zählen Sie in Gedanken von 1 bis 20 und von 20 bis 1 und laden Sie die Zahlensymbole mit Energie auf. Geben Sie Gefühle hinein.

Übung 3: Nehmen Sie ein leeres Blatt zur Hand und schreiben Sie dort die Zahlen 1 bis 10 und 11 bis 20 in zwei Reihen, so dass hinten dran noch Platz für weitere Einträge bleibt. Decken Sie diese Seite nun zu und tragen Sie auf besagtem Blatt hinter die Zahlen 1 bis 20 jeweils die Bezeichnung der Zahlensymbole ein. Z.B.: 1 = Kerze, 2 = Schwan usw. bis 20. Wenn Sie Lücken hatten, versuchen Sie diese zu schließen.

Übung 4: Verknüpfen Sie nun folgende Begriffe mit den jeweiligen Zahlensymbolen. Toll wäre natürlich, wenn Sie mit einem Partner arbeiten und sich gegenseitig 20 verschiedene Begriffe diktieren und sich dann abfragen.

1 = Bleistift	2 = Hut	3 = Teppich	4 = Pfarrer	5 = Angst
6 = Gitarre	7 = Maus	8 = Lebkuchen	9 = Masseur	10 = Bier
11 = Sonne	12 = Schokolade	13 = Sekretärin	14 = Turnschuh	15 = Lampe
16 = Hund	17 = Computer	18 = Telefon	19 = Fasan	20 = Rosen

So, wenn Sie die Übung alleine durchgeführt haben, dann bitten wir Sie jetzt, die vorige Tabelle zuzudecken und die 20 Begriffe aus dem Gedächtnis heraus einzutragen. Wir geben Ihnen durch den jeweiligen Anfangsbuchstaben noch eine zusätzliche Stütze. Viel Erfolg!

1 B	2 H	3 T	4 P	5 A
6 G	7 M	8 L	9 M	10 B
11 S	12 S	13 S	14 T	15 L
16 H	17 C	18 T	19 F	20 R

Wie ist es gelaufen? Sollten Ihnen Begriffe entfallen sein, dann nehmen Sie sich einen Moment Zeit, um herauszufinden, woran es gelegen hat. Waren Sie unkonzentriert oder hapert es noch mit der Qualität der Assoziationen?

Auf jeden Fall besitzen Sie mit der Zahlen-Bild-Methode ein ganz besonderes Ordnungssystem für alle möglichen Informationen, die sie kurz- oder langfristig speichern wollen. Mit der Zeit werden Sie auch merken, dass Sie die Symbole mehrfach belegen können. Entscheidend ist nicht, wie viel Sie mit der Kerze verknüpfen (Einkaufsliste, Erledigungen, Termine, Gliederungspunkte eines Vortrags, Argumente einer Rede ...), sondern entscheidend ist, wie gut und spezifisch Ihre jeweilige Assoziation ist.

Überprüfen Sie doch jetzt gleich, ob Sie sich noch an die 10 Einkaufsgegenstände erinnern können, die Sie sich auf der Seite 80 eingeprägt haben, und ob Sie sich auch noch an die Erledigungen von Seite 81 erinnern können. Sie werden sehen, auch diese sind zum größten Teil oder sogar komplett in Ihrem Gedächtnis vorhanden.

10 Einkaufsgegenstände

1	2	3	4	5
6	7	8	9	10

10 Erledigungen (stichpunktartig)

1	2	3	4	5
6	7	8	9	10

Zahlenschlüssel – Geheimsprache der Gedächtniskünstler

In den meisten Büchern über Gedächtnistraining finden wir Methoden zum besseren Merken von Zahlen. Diese Techniken liegen nicht jedem oder nicht jeder ist bereit, sich das kleine 1x1 anzueignen, das als Basis jedoch notwendig ist, um wirklich mit den Zahlen jonglieren zu können.

Bisher haben wir von Zahlenbildern oder von Zahlensymbolen gesprochen. Gleichfalls lernten wir auch, sie als Platzhalter für alle möglichen Informationen zu benutzen. Um nun auch mit vielstelligen Zahlen besser umgehen zu können, genügt dieses System nicht mehr. Wir müssen das System also erweitern.

Folgenden Zahlenschlüssel empfehle ich Ihnen lediglich von 21 bis 99 zu nutzen und sich für die Zahlen von 1 bis 20 weiterhin der Zahlenbilder zu bedienen.

Es wäre nun sehr aufwändig, bei den Zahlen von 21 bis 99 für jede Zahl wiederum ein Bild zu finden, daher ordnet man den einzelnen Zahlen in einem einfachen Buchstaben-Zahlen-Code Mitlaute zu, die durch das Hinzufügen von Selbstlauten wieder zu ganzen Worten werden, wobei nur die im Code definierten Buchstaben auch Zahlenbedeutung haben. Alle anderen Buchstaben können zur Wortbildung verwendet werden. Da es um viele Zahlen geht, sind manchmal auch mehrere Buchstaben für eine Zahl möglich, z.B. B oder P bei der Zahl 9.

Nun noch eine einfach Regel: Wir benutzen möglichst einfache Worte, Buchstabenverdopplungen sind möglich, aber wir versuchen, sie eigentlich bis auf ein paar Ausnahmen zu unterlassen. Da Sie wissen, dass

Sie sich von 21 bis 99 im zweistelligen Bereich befinden, fallen Verdopplungen sowieso flach. Das müssen Sie beim Entschlüsseln bedenken. Übrigens ist auch das Wort Fips bei der Zahl 89 nicht ganz korrekt, aber wir haben es uns mal so erlaubt. Es gilt, einfach beim Entschlüsseln dranzudenken.

Während Sie im Seminar Ihren eigenen Zahlenschlüssel erarbeiten, geben wir Ihnen hier nun unsere Empfehlungen. Variieren Sie so lange, bis Sie merken, dass Sie mit den jeweiligen Worten einverstanden sind. Hier ist unser Buchstaben-Zahlen-Code. Wichtig ist lediglich, dass Sie diesen Code beherrschen, dann können Sie flexibel (mit anderen Wörtern als in der Tabelle) arbeiten.

1 = t oder d	**6 = sch, ch**
2 = n	**7 = k oder g**
3 = m	**8 = f oder v**
4 = r	**9 = b oder p**
5 = l	**0 = s**

21	Not	40	Reis	60	Schus(s)	80	Fas(s)
22	Non(n)e	41	Rute	61	Schotte	81	Fet(t)
23	Name	42	Rhein	62	Schein	82	Föhn
24	Nar(r)	43	Rama	63	Schaum	83	Vim
25	Nil	44	Rohr	64	Schere	84	Fähre
26	Nische	45	Rally	65	Schal	85	Feile
27	Nicki	46	Rauch	66	Scheich	86	Fisch
28	Nova	47	Rock	67	Scheck	87	Feige
29	Nabe	48	Rif(f)	68	Schiff	88	Fifi
30	Maus	49	Rabe	69	Schabe	89	Fip(s)
31	Mut	50	Los	70	Käse	90	Bus
32	Mohn	51	Laute	71	Kati	91	Boot
33	Mama	52	Leine	72	Kahn	92	Biene
34	Meer	53	Lama	73	Koma	93	Baum
35	Mole	54	Lore	74	Kur	94	Bär
36	Masche	55	Lilie	75	Keil	95	Bal(l)
37	Mücke	56	Lasche	76	Koch	96	Busch
38	Mofa	57	Lack	77	Kakao	97	Backe
39	Mob	58	Lava	78	Kufe	98	Bifi
		59	Lob	79	Kaba	99	Bube

Nochmal zur Erinnerung: Bis zur Zahl 99 sind Verdoppelungen der Konsonanten möglich. Wenn Sie diese Methode mit dreistelligen Zahlen fortführen, achten Sie bitte darauf, dass jeder Konsonant mitzählt.

Finden Sie ein passendes Wort für die Zahl 100:

100	T_ss_

Kennen Sie übrigens das Hexen-Einmaleins aus Goethes Faust Teil I? Nein? Dann wird es höchste Zeit:

Du musst verstehen!
Aus Eins mach Zehn
und Zwei lass gehen
und Drei mach gleich,
so bist du reich.
Verlier die Vier!

Aus Fünf und Sechs,
So sagt die Hex,
Mach Sieben und Acht,
so ist's vollbracht:
und Neun ist Eins,
und Zehn ist keins.
Das ist das Hexen-Einmaleins.

So können Sie einen Vortrag halten – ohne Manuskript!

Eine ideale Anwendungsmgöglichkeit für die Zahlensymbole bietet auch ein Vortrag oder eine Rede, die Sie halten wollen. Sobald Sie den Text vorbereitet haben, verknüpfen Sie die 10 wichtigsten Inhaltspunkte fantasievoll mit den Zahlensymbolen. Üben Sie nun zwei bis drei Mal zu Hause, sich an den Zahlensymbolen entlang an die Inhaltspunkte Ihrer Rede zu erinnern, und halten Sie Ihren Vortrag zuerst vor einem imaginären Publikum. Im Vortrag selbst können Sie dann ganz einfach über die Symbole entweder der Reihe nach oder durcheinander zu den Gliederungspunkten referieren.

Nützliche Hinweise für Ihre freie Rede:

- **Kompetenz:** Bereiten Sie sich gut vor und sprechen Sie nur über ein Thema, über das Sie auch Bescheid wissen. Versuchen Sie nicht, Fragen zu beantworten, für die Sie nicht kompetent sind. Stellen Sie Fragen an das Ende des Vortrags zurück. Verweisen Sie zusätzlich auf Fachliteratur, an Kollegen und weitere Informationsquellen, vielleicht auch im Internet!?
- **Halten Sie Blickkontakt** und versuchen Sie, Ihre Zuhörer aktiv mit einzubeziehen, indem Sie Fragen stellen wie z.B.: „Was hat Sie gerade heute hierher geführt?" oder: „Was erwarten Sie vom heutigen Abend?" Achten Sie aber darauf, dass keine Diskussionen entstehen. Bleiben Sie in Führung.
- **Aufrichtigkeit:** Sollten Sie nur wenig Zeit zur Vorbereitung haben und nicht die ganze Sachkenntnis besitzen, seien Sie ehrlich und haben Sie Mut zur Lücke.
- **Mentale Vorbereitung:** Nehmen Sie sich am Vorabend des Vortrages etwas Zeit und gehen Sie Ihren Vortrag nochmals in allen Punkten durch. Dann versetzen Sie sich in einen entspannten Zustand und stellen sich vor, wie Sie bereits vor versammeltem Publikum stehen und Ihre Rede beginnen. Malen Sie sich im Detail aus, wie die Zuhörer interessiert, wohlwollend und freundlich sind.
- **Erfolgsanker:** Vor Ihrer inneren Leinwand erleben Sie so plastisch wie möglich das Gelingen Ihres Vortrags und stellen sich vor, wie das Publikum danach begeistert und zufrieden nach Hause geht. Ankern Sie dieses Erfolgsgefühl mit einer Gestik Ihrer Wahl (z.B. Drei-Finger-Technik), so dass Sie sich auch während des Live-Vortrags über diesen Anker wieder in das Erfolgsbewusstsein bringen können und Kontakt zu Ihren Ressourcen bekommen.
- **Bedanken Sie sich** bei den Zuhörern für die Aufmerksamkeit und nehmen Sie den Applaus Ihrer Zuhörerschaft auch dankend entgegen.
- **Lernen Sie** aus Ihren Erfahrungen und optimieren Sie Ihre Strategie.

So merken Sie sich Namen und Gesichter

Entscheidend für ein gutes Namensgedächtnis ist unser Interesse. Vielfach sind wir nicht aufmerksam, wenn Namen genannt werden, und wir fragen auch nicht nach, wenn wir einen Namen nicht korrekt verstanden haben. Am Ende eines Gesprächs oder bei der Verabschiedung kann das peinliche Folgen haben. Mit der Frage: „Wie heißen Sie noch mal?“ schießen Sie ein Eigentor!

Sofern Sie wirklich am Namen Ihrer Mitmenschen interessiert sind, achten Sie darauf, dass Sie Namen richtig verstehen, sie im Gespräch aktiv einbauen (Fragesätze, Antwortsätze) und am Ende bei der Verabschiedung nochmals erwähnen. Damit erreichen Sie eine mehrmalige Wiederholung des Namens und er bleibt Ihnen schon dadurch längere Zeit in Erinnerung.

- Interessieren Sie sich für die Menschen und ihre Namen, Gesichter und ihre Geschichten.
- Stellen Sie sicher, dass Sie die Namen deutlich verstanden haben (ansonsten nachfragen).
- Schwierige Namen sollten Sie buchstabieren oder schreiben lassen. Fragen Sie die Menschen, wo ihre Namen herkommen.
- Forschen Sie nach, ob Sie Menschen mit gleichen oder ähnlichen Namen kennen.
- Stellen Sie sich den Namen bildlich vor (wenn möglich).
- Suchen Sie auffallende, unverwechselbare Merkmale der Person und übertreiben Sie diese mithilfe Ihrer Fantasie.
- Stellen Sie eine Assoziation her zwischen dem bildlichen Namen (und Geschichten) und den auffallenden Merkmalen der Person.

Wie können Sie sich einen Namen bildlich vorstellen?

Dem Ungeübten ist es sicherlich nicht auf Anhieb möglich, sich zu jedem Namen ein Bild vorzustellen. Sollte es Ihnen nicht gelingen, konzentrieren Sie sich mehr auf die aktive Wiederholung des Namens (im Gespräch).

Wir teilen die Namen in drei Kategorien:

- Einfache Namen, die sofort ein geistiges Bild erzeugen.
  Z.B. Herr Wal, Frau Schiff, Herr Amboss
- Namen, die wir durch das Hinzufügen oder Ersetzen von Buchstaben in einfache Namen umformen können. Bevor Sie die Namen aussprechen, achten Sie bitte auf die von Ihnen gemachten Veränderungen.
  Z.B. Frau Seier >> Schleier   Herr Rütze >> Grütze oder Mütze
- Schwierige Namen merken wir uns oft leichter, da wir ihnen von Anfang an mehr Aufmerksamkeit schenken. Es lohnt sich jedoch, auch diese Namen genau zu betrachten. Oft verbirgt sich hinter scheinbar schwierigen Namen eine einfache Lösung.

Von Kennedy und Napoleon wird berichtet, dass sie ein hervorragendes Namensgedächtnis hatten. Sie haben sich vorgestellt, dass die Namen ihrer Mitmenschen auf der Stirn oder auf einem Umhängeschild geschrieben stehen. Dies ist auch wieder ein Beweis dafür, wie direkt Realität und Fantasie zusammenhängen. Unser Unterbewusstsein hilft uns mit außerordentlichen Potenzialen, sofern wir bildhaft denken und spielerische Elemente in unsere Denkprozesse mit einbeziehen.

Nützliches für ein besseres Namensgedächtnis

- **Bilden Sie aus Namen Sprüche, Reime**, singen Sie ein Lied und vielleicht tanzen Sie sogar mit einem Namen.
- **Führen Sie eine Namenskartei**. Hier notieren Sie in wenigen Worten die wichtigen Informationen zur Person. Vielleicht skizzieren Sie sogar das Aussehen mit wenigen Bleistiftstrichen. Sie können immer wieder, z.B. vor wichtigen Konferenzen und Messen, einen Blick in diese Kartei werfen. Wenn Sie dies über mehrere Wochen praktiziert haben, werden Sie merken, dass Sie diese Technik nicht mehr benötigen. Ihre Fähigkeiten haben sich verbessert, Ihr Blick ist geschärft.
- **Machen Sie einen Tagesrückblick**. Gehen Sie am Ende Ihres Arbeitstages nochmals in Gedanken durch den Tag und entdecken Sie, welche besonderen Begegnungen stattgefunden haben. Stellen Sie sich auch die Menschen bildlich vor. An welchen Orten haben Sie sie getroffen? Worüber haben Sie geredet? Welche besonderen Merkmale hatte die Person? Können Sie sich an Inhalte des Gesprächs erinnern?

- **Notfalltechnik ABC-N...** Wenn Ihnen eine Person begegnet, die Sie kennen, aber deren Name Ihnen entfallen ist, so gehen Sie in Gedanken das ABC... durch. Der Name wird Ihnen in den meisten Fällen wieder in Erinnerung kommen, da er auf jeden Fall am Anfangsbuchstaben hängt.
  Lassen Sie los. Je entspannter Sie sind, umso sicherer funktioniert Ihr Gedächtnis. Sie haben selbst schon oft bemerkt, dass es nichts bringt, sich krampfhaft erinnern zu wollen. Versuchen Sie lieber, sich zu entspannen oder etwas ganz anderes zu tun.
- **Mut zur Lücke.** Es ist nicht schlimm, einen Namen zu vergessen. Stehen Sie dazu. Vielleicht können Sie sich ja auch entschuldigen oder nochmals nachfragen.
- **Tun Sie nicht so, als ob** ... Ihre Mitmenschen spüren genau, was echt oder gespielt ist.

Übung: Namensgedächtnis-Marathon

Folgende Übung hilft Ihnen, ein hervorragendes Namensgedächtnis zu entwickeln. Klar macht es zuerst einmal Arbeit. Aber ich kann Ihnen versprechen, dass es sich lohnt.

Sie benötigen für diese Übung folgende Dinge:

- 100 Karteikarten (DIN A7)
- verschiedene Zeitschriften und Kataloge
- Klebstoff (z.B. Prittstift)
- 1 regionales Telefonbuch
- 1 Bleistift oder Kugelschreiber

1. Schneiden Sie aus den Zeitschriften und Katalogen 100 Bilder von Personen aus, die Sie nicht kennen (sog. Brustbilder).
2. Kleben Sie die einzelnen Bilder jeweils auf eine Karteikarte.
3. Drehen Sie die Karteikarten nun auf den Rücken, so dass Sie die Gesichter nicht mehr sehen können.
4. Blättern Sie nun das Telefonbuch wahllos durch, tippen Sie auf beliebige Namen und schreiben Sie diese Namen nacheinander (ohne auf die Gesichter zu schauen) auf die Rückseite der Karteikarten.

Übung: Fit für Namen!

Gemeinsam mit einem Übungspartner nehmen Sie sich nun 10 Tage lang jeweils 10 Karten vor. Erforschen Sie spielerisch die Namen und Gesichter und versuchen Sie, gute Assoziationen herzustellen und auch Ihre Konzentration und Aufmerksamkeit zu steigern. Am Folgetag wiederholen Sie lediglich die 10 Karten des Vortages. Achten Sie dabei auf korrekte Ablage der Karten (10 Tage – 10 Häufchen). Am 11. Tag legen Sie alle 100 Karten mit der Bildfläche nach oben auf einen Tisch und losen aus, wer zuerst mit dem Personen-Erkennen beginnt. Vielleicht wollen Sie vor der Übung auch einen Preis für denjenigen festlegen, der am 11. Tag die meisten Gesichter und die dazugehörigen Namen erkennt.

So merken Sie sich vielstellige Zahlen

Bevor wir zum nächsten Erfolgserlebnis fortschreiten, verbinden Sie bitte folgende Begriffe der Reihe nach mit Hilfe der Assoziationstechnik zu einer zusammenhängenden Geschichte:

Blitz – Fahrstuhl – Biene – Schal – Mole – VIP – Kaba – Mohn

Mofa – Rauch – Nische – Rama – Pyramide – Vim – Nicki – Pfeife

Nehmen Sie Ihre Fantasie zu Hilfe. Es ist uns egal, ob der Blitz bei Ihnen in den Fahrstuhl schlägt, dort eine flotte Biene erschreckt, die sich einen Schal umgebunden hat, weil sie sich gleich auf der Hafenmole mit einer VIP treffen will. Es ist uns auch egal, ob die beiden dann noch miteinander Kaba trinken, ein Mohnbrötchen essen und dann gemeinsam auf einem Mofa mit viel Rauch davonfahren. Dass sie aus lauter Unachtsamkeit noch in eine Nische krachen, dabei eine aufgetürme Rama-Pyramide zu Fall bringen und die ganze Sauerei mit Vim geputzt werden muss, das kümmert die Schlagersängerin Nicki ebenso wenig, denn die hat sich die ganze Geschichte angeschaut und währenddessen genüsslich eine Tabakpfeife geraucht.

Gedächtnis ohne Grenzen

So oder so, wichtig ist auch hierbei wieder, dass die Geschichte aus Iher Fantasie entspringt. Vielleicht haben Sie aber auch schon mit unserer

Variante Freundschaft geschlossen – dann dürfen wir Sie, vorausgesetzt, Sie kennen alle Zahlenbilder, können den Zahlenschlüssel auswendig und sind weiterhin motiviert und voll dabei, jetzt gleich überraschen, denn Sie haben sich die Zahl Pi bis auf 30 Stellen hinter dem Komma eingeprägt. Das ist doch etwas. Wenn Sie das nicht interessieren sollte, dann haben Sie auf jeden Fall mitbekommen, wie die Gedächtnisakrobaten arbeiten, denn die haben nicht nur für jede ein- oder zweistellige Zahl ein Bild (bzw. Begriff), sondern auch für jede drei-, vier- oder fünfstellige. Nach oben sind keine Grenzen gesetzt.
Beginnen Sie nun damit, die einzelnen Zahlen zu entschlüsseln, indem Sie die Zahlen hinter die jeweiligen Begriffe schreiben:

Blitz	–	________	Mofa	–	________
Fahrstuhl	–	________	Rauch	–	________
Biene	–	________	Nische	–	________
Schal	–	________	Rama	–	________
Mole	–	________	Pyramide	–	________
VIP	–	________	Vim	–	________
Kaba	–	________	Nicki	–	________
Mohn	–	________	Tabakpfeife	–	________

Schreiben Sie nun die Zahlen hintereinander auf die Linie
(rechts neben das Komma):

3, ____

Die Auflösung finden Sie im Anhang.

Erkennen sie die Zahl?
Jawohl, es handelt sich genau um die Zahl Pi.

Sollten Sie sich in der Auswertung noch unsicher sein, fragen Sie Ihren Computer oder arbeiten Sie noch einmal alle Kapitel durch, schauen Sie sich insbesondere die Zahlensymbole und den Zahlenschlüssel an. Sie werden sicher ans Ziel kommen.

Allgemeine Tipps zum Merken von Zahlen

Sie wissen mittlerweile, dass Dinge, die wir ständig tun, auch zu unserer Professur werden. Wenn mir ein Seminarteilnehmer erzählt, dass er sich keine Telefonnummern mehr merken kann, und andeutet, dass er es früher einmal konnte, dann frage ich ihn in der Regel danach, seit wann er diese Sache bereits seinem Computer oder seiner Sekretärin überlassen hat. Sekretärinnen sind übrigens sehr oft das verlängerte Gedächtnis ihrer Chefs.

- **Delegieren Sie nicht Ihre Fähigkeiten!**
  Gedächtnisleistungen abgeben heißt zwar schon, dass man sich damit ein Stück weit entlastet und sich auf Wesentlicheres oder Lukrativeres konzentrieren kann, aber es bedeutet auch, dass die Fähigkeit verloren gehen kann, sich gerade solche Arten von Informationen einzuprägen bzw. sich an sie zu erinnern. Was Sie abgeben, können Sie ja schließlich nicht für sich selbst besitzen. Es ist im Prinzip eine ganz einfache Rechnung.
- **Sie wollen sich Telefonnummern besser einprägen und sich an sie erinnern können?**
  Dann beantragen Sie am besten jetzt gleich einmal für sechs Monate Sonderurlaub und bewerben sich für diese Zeit in einer Telefonzentrale eines großen Unternehmens. Ich garantiere Ihnen, wenn Sie sich sechs Monate intensiv mit Telefonnummern beschäftigt haben, dann werden Sie staunen, wie gut Ihr Zahlengedächtnis wieder funktioniert.
- **Hier noch ein spezieller Tipp für das Merken von Telefonnummern:**
  Verbinden Sie die bildliche Vorstellung des Namens mit den Zahlen der Telefonnummer, indem Sie diese, wie schon erwähnt, mithilfe der Zahlensymbole und/oder des Zahlenschlüssels in eine Geschichte verwandeln. Kreieren Sie möglichst eine Geschichte, die zur Person passt. Wenn es in einzelnen Fällen auch mit viel Fantasie nicht gelingt, versuchen Sie es mit Wiederholung und Auswendiglernen. Denn nicht jede Technik ist in jeder Situation geeignet.
- **Schließen Sie Freundschaft mit Zahlen**
  Nutzen Sie die Kraft der Suggestion und formulieren Sie positive Affirmationen oder bilden Sie Sprüche und Reime wie z.B.:

  - Ich freue mich auf die Begegnung mit Zahlen.
  - Mein Zahlengedächtnis verbessert sich ständig.
  - Mit dem Gedächtnis für Zahlen kann ich gut prahlen.

  Versuchen Sie, Ihre Einstellung zu den Zahlen zu verändern. Bringen Sie den Zahlen, mit denen Sie zu tun haben, innere Wertschätzung

entgegen und betrachten Sie sie als etwas Lebendiges. Das mag sich verrückt anhören, aber es geht einfach darum, mit den Zahlen Freundschaft zu schließen. Denn was Sie mit Freude in sich aufnehmen, kann auch in Erinnerung bleiben.
Es gibt Menschen, die können sich, ohne dass sie dazu eine bestimmte Technik anwenden, Geburtstage, Geschichtszahlen, Artikel- oder Telefonnummern, ja sogar Autokennzeichen merken und sie stoßen dabei nie an Grenzen. In einer Sendung „Wetten dass ..." präsentierte Thomas Gottschalk schon vor einigen Jahren eine Frau, die sämtliche Geburtstage ihrer Dorfbewohner im Kopf hatte. Es waren damals über 1000 Menschen.

- **Auch Rhythmus und Reim sind entscheidend**
  Nicht jeder spricht Zahlen gleichermaßen aus. Wir teilen uns Zahlen unterschiedlich ein. Die Zahl 1829930 könnte zum Beispiel folgendermaßen gesprochen werden:

  Eins-Acht-Zwei-Neun-Neun-Drei-Null
  oder Achtzehn-Zwei-Neunundneunzig-Dreißig
  oder Eins-Zweiundachtzig-Neun-Neun-Dreißig

  Versuchen Sie, aus mehrstelligen Zahlen den für Sie geeigneten Rhythmus herauszufinden, und sprechen Sie die Zahlen dann ein paar Mal laut oder in Gedanken. Zusätzlich können Sie sich die Zahlen vor Ihrem mentalen Auge geschrieben vorstellen. Kindern hilft es gut, Zahlen zu malen, zu singen und andere lustige Spiele mit ihnen zu treiben.

So kombinieren Sie Zahlen und Nachrichten

Wenn Sie sich Zahlen innerhalb von Nachrichten, Pressemeldungen und Gesprächen besser merken wollen, wenn es eben auch um sehr wichtige Zahlen geht, dann versuchen Sie, die Zahl mit Hilfe der Zahlenbilder oder des Zahlenschlüssels in eine Geschichte zu verwandeln, und integrieren Sie diese Geschichte dann in den eigentlichen Kontext.

Z.B. hören Sie folgende Nachricht: **Die Kursverluste am Neuen Markt schlugen mit 14,8 Prozent zu Buche**. Ihre Geschichte könnte nun sein, dass Sie sich vorstellen, wie der Blitz in Ihre Aktien schlägt und Sie mit Ihren Gefühlen Achterbahn fahren.

Unser besonderer Tipp: Verlieben Sie Sich in Zahlen. Sie werden merken, sie bleiben dann gerne in Ihrem Gedächtnis haften.

Mit einem guten Gedächtnis ins Guinnessbuch der Rekorde

Am 4. November 2000 zappte ich abends durch die Fernsehprogramme und landete zufällig bei der „Guiness Show". Jens Seiler und Steffen Bütow hatten sich die Aufgabe gestellt, sich nacheinander mehrere sechsstellige Zahlen einzuprägen. Diese wurden ihnen nur einen Moment lang gezeigt. Nun sollte sich herausstellen, wer von beiden das bessere Zahlengedächtnis hat. Für jede richtig genannte Zahlenkombination öffnete sich eine vorher verschlossene Tresortür. Bevor ich Ihnen verrate, wer der Gewinner war, möchte ich Ihnen anvertrauen, dass Herr Seiler und Herr Bütow auch mit den uns bereits bekannten Methoden arbeiten. Schauen wir uns dazu einmal ein paar Zahlen von Herrn Bütow an:

1.	35 82 86	Mole – Föhn – Fisch
2.	94 88 38	Bär – Fifi – Mofa
3.	2 34 3 74	Schwan – Meer – Pyramide – Kur

Wenn es nun darum geht, nacheinander mithilfe von sechs richtige Zahlen die Tresortüren zu öffnen, so zählt allein die innere Ruhe, gepaart mit Konzentration, Vorstellungskraft und Fantasie. Bevor Sie weiterlesen, versuchen Sie nun selbst, sich mit der Kettenmethode eine fortlaufende Geschichte aus allen 10 Zahlenbildern einzuprägen. Wenn Sie sich dabei vorstellen, dass hinter den drei verschlossenen Türen jeweils 1 Million Euro für Sie bereitstehen, dann erhalten Ihre Verknüpfungen sicherlich auch die notwendige Power.

Na, haben Sie es geschafft? Decken Sie doch gleich einmal die Begriffe zu und versuchen Sie sich zu erinnern:

	Begriffe:	Zahlen:
1.	_____ _____ _____	___ ___ ___
2.	_____ _____ _____	___ ___ ___
3.	_____ _____ _____	___ ___ ___

Sollten Sie es nicht alleine geschafft haben, hier eine mögliche Lösung, die einer unserer Seminarteilnehmer ausgedacht hat: Vom Schwimmen kommend sitzt er auf einer Hafen**mole** und **föhn(t)** sich gerade noch die Haare, bevor er sich dann über den gebratenen **Fisch** hermacht.

Die Reste teilt er mit seinem Freund, dem **Bär**, dieser wiederum teilt seine Mahlzeit mit dem Hund namens **Fifi**. Nach dem Verdauungsschläfchen besuchen Sie mit dem **Mofa** Ihren Freund, den **Schwan**, der seit vier Wochen weit über dem **Meer** in einer Energie**pyramide** zur **Kur** ist.

So, wenn auch Sie es geschafft haben, dann sind Ihnen 3 Millionen Euro sicher. Zur Übung folgen nun noch drei Zahlenkombinationen des Herrn Seiler, der im November auch das Rennen gemacht hat. Er ist schon längere Zeit der amtierende Weltmeister dieser Disziplin. Fangen Sie also an zu üben, damit Sie in einem der nächsten Jahre diese Position besetzen können und in das Guinnessbuch der Rekorde Einzug feiern.

1.	73 63 72	Koma – Schaum – Kahn
2.	12 21 39	Uhr – Not – Mob
3.	4 57 84 8	Stuhl – Lack – Fähre – Achterbahn

Sie können die Zahlen natürlich auch anders zusammenstellen. So, wie sich die Geschichte für Sie am besten formen lässt.

Nun verknüpfen Sie die Begriffe wieder zu einer Wortkette, machen eine individuelle Geschichte daraus. Danach decken Sie den oberen Teil ab und überprüfen Ihr Gedächtnis. Tragen Sie zuerst die Begriffe ein und dann die dazugehörigen Zahlen.

	Begriffe:	Zahlen:
1.	_____ _____ _____	___ ___ ___
2.	_____ _____ _____	___ ___ ___
3.	_____ _____ _____	___ ___ ___

Herzliche Gratulation, Sie haben es geschafft. Ich freue mich schon darauf, Sie bald im Fernsehen zu sehen! Mein Tipp für den Weg dorthin: Finden Sie den Weg zu innerer Ruhe und Gelassenheit und trainieren Sie:

- Ihre Konzentrationsfähigkeit
- Ihre Vorstellungskraft
- Ihre Fantasie

Testen Sie noch einmal Ihr Gedächtnis

1. Gedächtnis für Zahlen (1): Prägen Sie sich eine Minute lang die nachfolgenden Zahlen ein.

Decken Sie die Zahlenreihe ab und schreiben Sie die Zahlen aus dem Gedächtnis auf. Für jede richtige Zahl gibt es 20 Punkte. **(100 Punkte)**

1829	–	**6255**	–	**4237**	–	**1178**	–	**9967**

	–		–		–		–	

2. Gedächtnis für Begriffe: Sie haben wieder eine Minute Zeit. Prägen Sie sich die folgenden Begriffe ein und schreiben Sie sie in der richtigen Reihenfolge auf, indem Sie die linke Liste abdecken. Für jeden richtigen Begriff gibt es 10 Punkte. **(120 Punkte)**

1	**Giraffe**	1	
2	**Socken**	2	
3	**Nackenrolle**	3	
4	**Füller**	4	
5	**Schneeflocke**	5	
6	**Frosch**	6	
7	**Bundeskanzler**	7	
8	**Zirkel**	8	
9	**Kirchturm**	9	
10	**Kaugummi**	10	
11	**CD**	11	
12	**Baby**	12	

3. Gedächtnis für Namen und Gesichter (1): Versuchen Sie, sich in zwei Minuten die Gesichter mit den entsprechenden Namen zu merken.

Hans Beck

Georg Treiber

Wolfgang Heidenreich

Hildegard Bingler

Isolde Müller

Mario Belem

Werner Schmitt

Meike Scarlatti

Luka Dahinten

Versuchen Sie nun, sich an die Gesichter und Namen zu erinnern. Für jede richtige Kombination mit richtiger Schreibweise gibt es 20 Punkte. **(180 Punkte)**

4. Gedächtnis für Texte: Hier haben Sie zwei Minuten Zeit, um sich das Gedicht von Thomas Drach einzuprägen.

Schnell wird aus Stunden Tag um Tag
Gedanken und Gefühle wechseln geschwind
Was ich Dir heute noch zu sagen vermag
Weiß morgen nur noch der Wind
Ruhen solltest Du und still bedenken
Wohin das Leben will Dich lenken
Wage Deinen Traum zu leben
Es kann für Dich nichts Bessres geben.

(Thomas Drach)

Für jede richtige Zeile gibt es 10 Punkte. (80 Punkte)

Schnell ______________________________

Gedanken ______________________________

Was ______________________________

Weiß ______________________________

Ruhen ______________________________

Wohin ______________________________

Wage ______________________________

Es ______________________________

5. Gedächtnis für Namen und Gesichter (2): Verbinden Sie die Namen nun mit den dazugehörigen Merkmalen. Testen Sie danach wieder, wie viel Sie sich merken konnten. Schauen Sie sich dazu noch einmal die Gesichter an. Zeit: zwei Minuten.

Hans Beck	Pfarrer in Biberach
Georg Treiber	Inhaber eines Lustschlosses
Wolfgang Heidenreich	Betreibt eine Rinderfarm in Texas
Hildegard Bingler	Heilpraktikerin und Buchautorin
Isolde Müller	Unternehmerin des Jahres 2000
Mario Belem	Selbstständiger Architekt, verh., zwei Kinder
Werner Schmitt	Gesundheitsberater für Magnetfeldsysteme
Meike Scarlatti	spielt die 1. Geige im Kammerochester
Luka Dahinten	Sohn von Elke und Thomas

Für jede richtige Kombination gibt es 20 Punkte. **(180 Punkte)**

Luka Dahinten	____________________
Mario Belem	____________________
Werner Schmitt	____________________
Isolde Müller	____________________
Wolfgang Heidenreich	____________________
Hans Beck	____________________
Meike Scarlatti	____________________
Hildegard Bingler	____________________
Georg Treiber	____________________

6. Gedächtnis für Zahlen (2): Nun haben Sie wieder zwei Minuten Zeit, um sich diese Zahlen einzuprägen. Es geht jetzt auch um die richtige räumliche Platzierung.

Notizblock

6.874 DM

12:20 Uhr

1899

90 Kamele

09.12.1423

DM 873,90

22,80 cm

12 Kinder

900.000

Tragen Sie ein, an was Sie sich noch erinnern. Bei der Platzierung sind wir Ihnen behilflich. Für jede Zahl an der richtigen Stelle gibt es 10 Punkte. **(90 Punkte)**

Notizblock

__________ __________
__________ __________
__________ __________
__________ __________
____

Das Testergebnis:

Tragen Sie hier nun die Ergebnisse aus allen sechs Tests ein und ermitteln Sie die Gesamtpunktzahl:

1. Gedächtnis für Zahlen (1):	______ Punkte (100)
2. Gedächtnis für Begriffe:	______ Punkte (120)
3. Gedächtnis für Namen und Gesichter (1):	______ Punkte (180)
4. Gedächtnis für Texte:	______ Punkte (80)
5. Gedächtnis für Namen und Gesichter (2):	______ Punkte (180)
6. Gedächtnis für Zahlen (2):	______ Punkte (90)
Gesamtpunktkzahl	______ **Punkte (750)**

Erreichte Punktzahl:	Die folgenden Erläuterungen geben lediglich Anhaltspunkte. Für weiteres Nachsinnen und/oder freudige Luftsprünge sollten Sie sich genügend Raum und Zeit geben.
0 – 200 Punkte	Sie sollten unbedingt Ihr Gedächtnis täglich trainieren, um Ihre Gedächtnisleistung zu verbessern. Wichtig dabei ist die Schulung von Konzentration und Aufmerksamkeit und das Training der Vorstellungskraft. Achten Sie zudem auf die Zufuhr von Vitalstoffen und finden Sie heraus, ob Sie schon die stimmige Lebensart und den passenden Beruf gefunden haben. Ein Arztbesuch kann Aufschluss über Ihren Gesundheitszustand und die Leistungsfähigkeit Ihres Gehirns und Nervensystems geben. Arbeiten Sie auf und lösen Sie Probleme schnellstmöglich.
201 – 460 Punkte	Bei Ihnen gibt es noch reichlich Verbesserungspotenzial, Sie haben aber dennoch guten Zugang zu Ihren beiden Gehirnhälften. Es gelingt Ihnen, sich zu konzentrieren, und durch weiteres Üben können Sie die noch in Ihnen schlummernden Fähigkeiten aktivieren. Bei der bildhaften Vorstellung gilt es, noch mehr Fantasie zu entwicken. Sie haben bereits gelernt, sich auf die wesentlichen Dinge in Ihrem Leben zu konzentrieren.

461 – 610 Punkte	Sie haben ein gutes Gedächtnis und freuen sich auch darüber. Sicherlich wussten Sie das schon vor diesem Test, denn Sie haben eine positive Einstellung und sehen Herausforderungen als Möglichkeit an, Ihr Bewusstsein zu erweitern. Weitere Potenziale liegen nun im Training der Intuition, der Kreativität und dem mentalen Training allgemein.
611 – 750 Punkte	Herzliche Gratulation! Sie haben ein hervorragendes Gedächtnis. Sie sollten sich schon einmal zur nächsten Gedächtnis-Meisterschaft anmelden. Wir nennen Ihnen gerne die Termine und freuen uns auf Ihren Besuch. Wir können Ihnen kaum weitere Anleitungen geben, es sei denn, Sie haben noch Bedarf, sich im Bereich Meditation fortzubilden.

Ein fitter Geist braucht einen fitten Körper

Das bewegte Gehirn

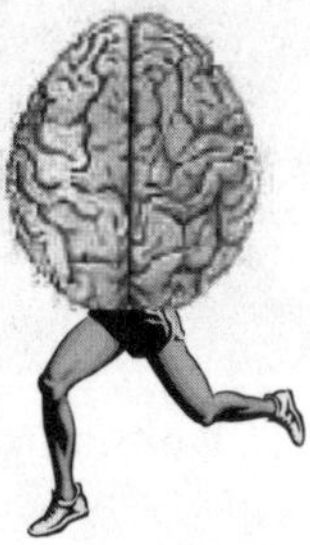

„Sport ist Mord" sagen die einen. „Train your Brain" die anderen. In einem gesunden Körper wohnt ein gesunder Geist, so lautet die Devise in aktuellen Büchern und Seminaren. Dass ganzheitliche Fitness und Gesundheit mit einem trainierten Körper leichter gelingen kann, ist offensichtlich. Wenn wir durch regelmäßige sportliche Betätigung das Gehirn mit Sauerstoff versorgen, beschenkt es uns dankbar mit seinen besonderen Fähigkeiten. Ein optimaler Stoffwechsel, der durch Sport angeregt werden kann, sorgt auch dafür, dass die Vitalstoffe, Hormone und Informationen, die wir zum Denken, Lernen und Vergessen benötigen, den Weg in die menschliche Schaltzentrale finden. Das Gehirn liebt Bewegung, ja, es dürstet geradezu danach. Durch die Aktivierung des Herz-Kreislauf-Systems, den besseren Vitalstofftransport, den Abbau von Stresshormonen und durch das andere Umfeld beim Sport, werden wir umgestimmt, ab- und umgelenkt, auf neue Pfade, Denk- und Erfahrungsebenen gehoben. Positive Stimmungen machen sich bemerkbar, ein Wohlgefühl im Körper stellt sich ein. Wer das einmal erlebt hat, möchte es wieder haben: dieses Gefühl von Kompetenz und Leichtigkeit.

Mein Tipp: Finden Sie die für Sie ideale Sportart, die sie am besten zwei bis drei Mal pro Woche ausüben können. Wer nicht gerne alleine loszieht, kann sich anderen Sporttreibenden anschließen und dabei noch interessante Menschen kennen lernen.

Jogging – ein Jungbrunnen für Körper, Geist und Seele

Jogger haben es alle schon erlebt: Sie gehen mit den Problemen des Alltags an den Start – und schon nach wenigen Minuten fühlen sie sich besser. Hektik, Ängste und Spannungen, die zuvor noch unzählige Hirnzellen in Besitz genommen hatten, verfliegen in der Synergie aus Atmung und Bewegung. Wenn der Lauf dann noch in freier Natur und bei reiner Luft ausgeübt werden kann, ist es eine der erholsamsten und auch effektivsten Sportarten überhaupt. Anfängern ist zu empfehlen, langsam und mit kurzen Strecken zu beginnen. Ratsam ist auch, immer wieder vom Joggen in langsameres Gehen zu wechseln und bei erreichter Erholung wieder in den schnelleren Lauf überzugehen. Überanstrengen ist out, sich wohl fühlen ist angesagt. Genießen Sie die Freude an der Bewegung und orientieren Sie, sofern sie eine Richtschnur brauchen, ihr Lauftempo anhand Ihrer Herz- und Atemfrequenz. Wer regelmäßig zum Joggen geht, der merkt, dass ab einer Laufzeit von etwa 30 Minuten ein besonderer Effekt eintritt: Wir laufen fast automatisch, geistige Frische und Erholung stellen sich ein und machen den Kopf dann richtig frei. Manchmal finden wir bereits während des Laufens oder kurz danach schon Lösungen für aktuelle Probleme oder wir werden sogar richtig erfinderisch. Manche Jogger tragen mittlerweile sogar ein Diktiergerät bei sich, um spontan auftauchende Gedanken und Ideen festzuhalten. Ja, ganze Vorträge und Präsentationen werden beim Waldlauf erdacht und konzipiert. Eine regelrechte Energiedusche ergießt sich über den Läufer. Und woher kommt das? Hier ein paar Antworten:

- Der Stoffwechsel verändert sich.
- Das Gehirn wird mit Sauerstoff durchflutet.
- Freudehormone (sog. Endorphine) ströhmen durch den gesamten Körper.

Was sonst noch in freier Natur möglich ist

Walking ist ein idealer Einstiegssport – gerade für Menschen mit etwas mehr Gewicht. Die Gelenke werden geschont, der Puls erreicht in der Regel nie den kritischen Bereich und eine Unterhaltung ist auch während des Sports mit Gleichgesinnten möglich. Walker schonen Bänder und Gelenke. Die Füße müssen nur das 1- bis 1,5fache des Körpergewichts abfangen. Beim Jogging erhöht sich der Wert um das 3- bis 4fache. Egal wo Sie Walking betreiben, es wird auf jeden Fall positive Spuren im Getriebe Ihres Gehirns hinterlassen.

Inlineskating ist mittlerweile zu einem beliebten Sport und zur Freizeitbeschäftigung geworden. Vielerorts haben sich Menschen organisiert und fahren auf asphaltierten Strecken nicht nur durch Feld und Wald, sondern lassen ganze Innenstädte zur Sportarena werden. In München, Berlin und Hamburg z.B. werden regelmäßig bestimmte Regionen der Innenstadt für den Autoverkehr gesperrt. Wo sich viele Fußgänger aufhalten, ist allerdings auch mit Fahrverbot und Einschränkungen zu rechnen. Der willige Inlineskater wird jedoch bald seine Lieblingsstrecken finden, die seinem Leistungsniveau entsprechen und ihm optimale Erholung ermöglichen. Wir empfehlen, stets mit voller Schutzkleidung zu fahren und auch den Kopf durch einen Helm zu schützen. Gehen Sie bitte auch achtsam mit Fußgängern und anderen Verkehrsteilnehmern um, die oftmals keine Kenntnis über Ihre Fahr- und Bremsfähgikeiten besitzen, während Sie im Affenzahn durch die Landschaft flitzen.

Rad fahren ist beliebt, wird von Jung und Alt praktiziert und zählt zu den wohl bekanntesten Sportarten. Rad fahren schont die Gelenke, erschließt unbekannte Hügel und Täler unserer schönen Welt. Es hat einen hohen Freizeitwert, da wir je nach Stimmung alleine oder miteinander radeln können. Zwischendurch wird gerne mal eine erfrischende Pause mit Apfelschorle eingelegt.

Schwimmen gehört zu den gesündesten Sportarten. Während wir schwimmen, werden die Gelenke geschont, die Muskeln trainiert, Organe massiert. Das Herz-Kreislauf-System wird sanft auf Hochleistung getrimmt. Hervorzuheben ist noch, dass Schwimmen ein hervorragendes Atemtraining ist. Die Lungen stellen sich darauf ein, bestmöglich einzuatmen, den verfügbaren Sauerstoff optimal zu verwerten und während der Ausatemphase das entstandene Kohlendioxid optimal hinauszublasen.

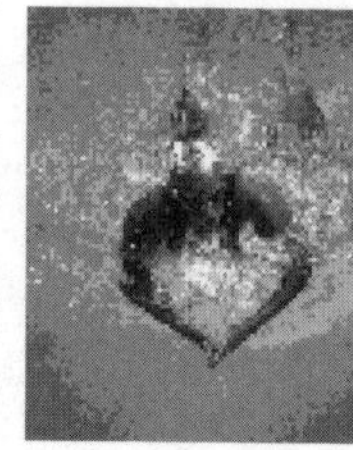

Im Sommer können wir dieser Sportart auch in Seen und Flüssen frönen, während wir in den kälteren Jahreszeiten auf Hallenschwimmbäder angewiesen sind.

Aerober Sport = gesunder Sport

So errechnen Sie die Pulsfrequenz, bei der Ihr Körper optimal mit Sauerstoff versorgt werden kann: Gehen Sie von einem Puls von 220 aus und ziehen Sie davon Ihr Alter ab. Die dadurch errechnete Zahl bezeichnet die maximale Herzfrequenz, die Sie auf keinen Fall während des Trainings erreichen sollten. 80 % der maximalen Herzfrequenz bezeichnen wir als Obergrenze des aeroben Bereichs und 65 % als die Untergrenze. Solange Sie sich während Ihrer sportlichen Betätigung innerhalb dieser Grenzen befinden, kann von einer gesundheits-förderlichen Wirkung ausgegangen werden. Wenn wir in folgendem Beispiel ein Alter von 50 Jahren zugrunde legen, ergibt sich folgende Rechnung:

220–50 = 170 – 80 % davon = 136 – 65 % davon = 110,5
Ihre empfohlene Pulsfrequenz liegt folglich zwischen 110 und 136 Schlägen pro Minute.

Für Rechenfaule gilt folgende Faustregel: Solange Sie sich während des Sports ohne größere Anstrengung mit einem Partner unterhalten und dabei auch noch bequem atmen können, befinden Sie sich i.d.R. „im grünen Bereich“.

Besondere Angebote im Fitnesstudio

Um den Rahmen dieses Buches nicht zu sprengen, machen wir Sie hier nur in Kürze auf die Angebote der Fitnessstudios aufmerksam. Diese bieten neben vielen Mode-Sportarten meist auch die Möglichkeit, sich nach getaner Arbeit zu erfrischen und z.B. ein Sauna- oder Dampfbad zu genießen. Der Körper erfährt im Wechselspiel zwischen Aktivität

und Entspannung eine ganz besondere Art von Erholung und Frische. Zu den momentan begehrten Angeboten gehören sämtliche Varianten von **Aerobic** und **Spinning**, sogar **Bauchtanz** ist aktuell. Sie sollten auch die sanften Angebote wie Qi Gong und Tai Chi einmal ausprobieren. Für diejenigen, die sich auspowern wollen, sind diese meditativen Techniken jedoch nicht geeignet. Beim **Aerobic**, was vielen von uns mittlerweile schon gut bekannt ist, wird die Muskulatur des ganzen Körpers aktiviert, Herz und Lunge erfreuen sich des erhöhten Sauerstoffangebots. Die Gruppe und die rhythmische Musik leisten einen wichtigen Beitrag für Leistungsmotivation und Erholung. **Spinning** ist derzeit sehr beliebt. Auf einem feststehenden Spinning-Rad wird man durch Powermusik, den Trainer und die anderen „Spinner" zu einem schwungvollen Herz-Kreislauf-Training motiviert. Es ist ein die Gelenke schonendes aerobes Training, das einen hohen Fun- und Erholungscharakter hat.

Mein Tipp: Erkundigen Sie sich in Ihrem Studio nach den aktuellen Angeboten und **vertrauen Sie sich einem Fitness-Coach an**. Er gibt Ihnen gerne weitere Empfehlungen, auch zum Thema Fettabbau und Ernährung.

Fitness im Büro

Mir ist zu Ohren gekommen, dass in den USA teilweise an den Fahrstühlen der Hinweis steht: „Die Benutzung des Fahrstuhls gefährdet Ihre Gesundheit."

Es gibt viele Möglichkeiten, zwischendurch mal in Bewegung zu kommen, und es muß nicht gleich Extremsport sein. Machen Sie es sich z.B. zur Gewohnheit, Fahrstühle zu meiden, Auskünfte auch mal per Fuß einzuholen und nicht für jede Frage (vor allem innerbetrieblich) zum Telefon zu greifen oder eine Intra-Mail zu schreiben. Die starre Haltung am Schreibtisch wirkt sich negativ auf unsere Denkfabrik aus. Besuchen Sie lieber Ihre Kolleginnen und Kollegen. Und denken Sie nicht, dass sie dadurch Zeit verlieren. Nein, Sie werden gewinnen, und zwar an geistiger Frische und Klarheit, an Lebensenergie und Gesundheit, sobald Sie sich öfter als bisher in Bewegung setzen. Zu-

dem werden Sie feststellen, dass bei persönlichen Gesprächen die Kommunikation auf mehreren Sinnesebenen erfolgt und für einen besseren Informationsfluss und mehr Verständnis sorgt. Ich möchte Sie an dieser Stelle nochmals an die Möglichkeit erinnern, immer wieder einmal zu Ihren Jongliertüchern und Bällen zu greifen. Über die Wirkung können Sie im Kapitel „Geistig fit mit Kinesiologie" nachlesen.

Magnetfeld – Energiedusche für 70 Billionen Zellen

Gesundheit ist unser höchstes Gut – und sie ist ebenso Voraussetzung für unsere Vitalität und Leistungskraft. Die Magnetfeldtherapie wird schon jahrzehntelang in Praxen und Kliniken zur Behandlung verschiedenster Erkrankungen erfolgreich eingesetzt. Auch wenn es immer wieder Kritiker gibt, so liegen mittlerweile doch unzählige Studien vor, mit denen die Wirkung pulsierender Magnetfelder auf körperliche und psychische Regelkreise bestätigt wird. Im aktuellen Buch *„Magnetfeld Regeneration"*, spricht Frau Dr. G. Rauch-Petz von der Regeneration körpereigener Energien und der Kompensation negativer Zivilisationseinflüsse mithilfe geeigneter Magentfeld-Systeme (Steuergerät, Matte, Kissen). Fachkreise bestätigen die positive Wirkung auf das Immunsystem, den Zellstoffwechsel und die Sauerstoffzufuhr zu den einzelnen Zellen.

Die Magnetfeld-Regeneration ist ein geeignetes und einfach einzusetzendes Instrument der Prävention und Vitalisierung. Nach einer 8-minütigen Anwendung geht man erfrischt und gestärkt wieder an die Arbeit. Über ein mit Sauerstoff angereichertes Blut freuen sich insbesondere unsere Gehirnzellen. Ich selbst habe über mehrere Jahre sehr gute Erfahrungen in meiner Naturheilpraxis sammeln können, welche die o.g. Wirkungshinweise untermauern. Auch die Anwendung in den privaten Haushalten findet mehr und mehr Verbreitung. In meinen Seminaren hat eine kurze Anwendung schon manchen Teilnehmer zu Hochleistungen geführt. Zu beachten ist, dass Epeleptiker, Schwangere, und Menschen mit elektronischen Implantaten die Anwendung nur unter ärztlicher Aufsicht vornehmen dürfen. Es gibt mittlerweile Unternehmen, die ihren Mitarbeitern in extra dafür geschaffenen Fitness- und Regenerationsräumen diese sanfte „Energiedusche für zwischendurch" ermöglichen.

Eine ruhige Kugel schieben

Eine nicht ganz alltägliche Methode, das Gehirn in Schwung zu bringen und von Stress zu befreien ist, Qi Gong-Kugeln in den Händen kreisen zu lassen. Diese Technik entspringt einer jahrtausendealten Heillehre und wird in vielen Seminaren und unterstützend auch in Therapien angewandt. Aber keine Angst, Sie brauchen, um mit dieser einfachen Methode Ihre Energien ins Fließen zu bringen, nicht in die Philosophie des Qi Gong einzutauchen. Fragen Sie in Reformhäusern oder Seminarzentren nach Qi Gong-Kugeln und lassen Sie sich gleich vor Ort entsprechend anleiten. Während Ihre Mitmenschen im Alltag dann in Hektik geraten, üben Sie sich darin, zwei ruhige Kugeln zu schieben. Nun aber Spaß beiseite: Während Sie beide Kugeln abwechselnd für mehrere Minuten in Ihrer linken oder rechten Hand kreisen lassen, werden (ähnlich wie bei den Übungen aus der Kinesiologie, siehe Seite 163ff.), Denk- und Energieblockaden in Ihrem Gehirn und Nervensystem gelöst. Zudem bietet dieses einfache Spiel eine Möglichkeit, Ihre Gedanken zu sammeln und ruhig zu werden.

Trampolinspringen ist in!

Die kleinen Fitmacher sind schon für ca. 150 DM in Sportgeschäften erhältlich. Achten Sie beim Kauf aber nicht nur auf den Preis, sondern auch auf die Qualität des Materials (Federn, Schutzabdeckung etc.). Sofern Ihre Wirbelsäule (vor allem Bandscheiben) und Ihre Gelenke gesund sind, können sie gleich mit dem Training beginnen.

Damit mehr Stimmung aufkommt, hören Sie dazu Ihre persönliche Lieblingsmusik. Wenn Sie den Trainingseffekt erweitern wollen, können Sie zusätzlich mit Hanteln üben. Öffnen Sie ein Fenster oder stellen Sie Ihr Trampolin am besten gleich ins Freie, damit Sie während des Trainings ausreichend Sauerstoff tanken. Schon 10 bis 20 Minuten bringen Sie in Schwung. Wenn Sie das Trampolin zwischendurch während Ihrer Arbeit nutzen wollen, sollte allerdings auch noch genügend Zeit für eine erfrischende Dusche sein.

Sport und Meditation – eine gute Kombination

Der Sonnengruss

Auf meinem Weg der Persönlichkeitsentwicklung bin ich dieser wunderbaren Yogaübung begegnet und ich vermittle sie regelmäßig vor allem in meinen Seminaren zur Stressbewältigung. Seit ich allerdings weiß, wie direkt sich das Wohlgefühl und die Gesundheit unseres Körpers auf die geistige Verfassung auswirkt, beziehe ich diese Übung auch in die Gedächtnistraining-Seminare mit ein. Sie übt einen optimalen Einfluss auf die Wirbelsäule, das Herz-Kreislauf-System und die Atmung aus. Ohne dass Sie die jahrtausendealte Philosophie und Heilwirkung des Yoga genauer studieren müssen, besitzen Sie mit dem Sonnengruß ein einfaches, aber wirksames Instrument zur Körper-, Konzentrations- und Atemschulung. Maruschi A. Magyarosy schreibt im Untertitel ihres Buches (Surya Namaskar. Das andere Fitneß-Rezept) über den Sonnengruß (sanskrit: Surya Namaskar): „Wie Sie Licht und Sonne in Ihren Körper holen".

Stellung 1
Ausatmen – aufrecht stehen, Hände vor der Brust falten. Begrüßen Sie die Sonne. Lassen Sie ihr Licht, ihre Energie, ihre Wärme mit jedem Atemzug tief in Ihren Körper einströmen

Stellung 2
Einatmen – während Sie Ihren Körper zurückbeugen; Nabelgegend dehnen; Brustraum weiten; Achselhöhlen öffnen; Gesäßmuskeln anspannen

Stellung 3
Ausatmen – während Sie sich langsam nach vorne beugen. Die Handflächen kommen auf das Tuch mit den Handwurzeln an der vorderen Kante. Dort bleiben sie bis zum Schluß des „Surya Namaskar"-Zyklus unverändert liegen; die gesamte Rückseite Ihres Körpers dehnen…

Stellung 4
Einatmen – während Sie Ihr linkes Bein nach hinten strecken; Zehen aufgestellt; linkes Knie berührt den Boden. Rechtes Bein ist angewinkelt, Knie über dem Knöchel, Kopf nach hinten beugen…

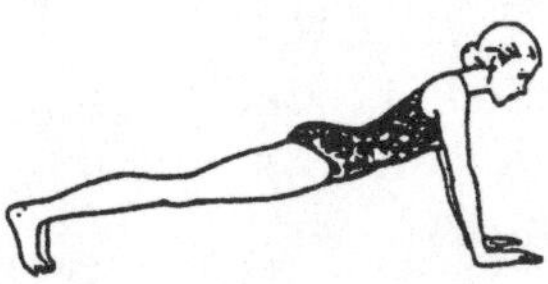

Stellung 5
Atem anhalten – während Sie Ihr rechtes Bein ebenfalls nach hinten strecken. Halswirbelsäule, Rücken, Gesäß und Beine bilden eine Linie; die Zehen sind aufgestellt…

Stellung 6
Ausatmen – während Sie ihre Arme beugen. Stirn, Brust und Knie berühren den Boden. Hüften und Gesäß so hoch wie möglich vom Boden heben, Zehen aufgestellt…

Stellung 7
Einatmen – während Sie Kopf und Oberkörper zurückbeugen; Brustraum weiten; Schultern weg von den Ohren; Gesäß fest; Zehen aufgestellt

Stellung 8
Ausatmen – während Sie Ihre Hüften und Ihr Gesäß so weit wie möglich nach oben heben. Arme, Beine und Oberkörper bilden ein umgedrehtes „V"; Fersen zum Boden; Handstellung noch immer unverändert…

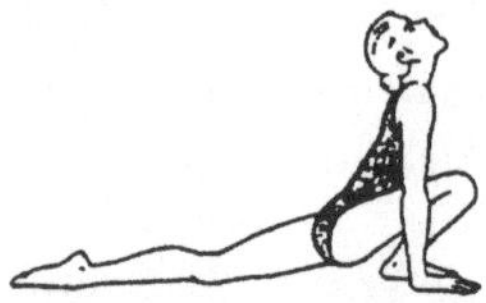

Stellung 9
Einatmen – während Sie Ihr linkes Bein mit einem weiten Schritt nach vorne bringen; anwinkeln; Knie über dem Knöchel; rechtes Bein nach hinten strecken, Knie zum Boden, Zehen aufstellen; Kopf nach hinten beugen…

Stellung 10
Ausatmen – während Sie Ihren rechten Fuß in einem weiten Schritt nach vorne neben den linken bringen und sich wieder langsam aus den Hüften nach vorne beugen: die gesamte Rückseite Ihres Körpers dehnen…

Stellung 11
Einatmen – während Sie Ihren Körper zurückbeugen; Nabelgegend dehnen; Brustraum weiten, Achselhöhlen öffnen; Gesäßmuskel anspannen…

Stellung 12
Ausatmen – während Sie in die Ausgangsstellung zurückkommen; Hände vor der Brust falten; lassen Sie wieder mit Ihrer Vorstellungskraft Licht, Energie und die Wärme der Sonne in Ihren Körper strömen…

Nach jahrelanger Erfahrung mit dieser Übung möchte ich Ihnen dies gerne bestätigen und Ihnen zur vertiefenden Erfahrung auch das Buch empfehlen. Den folgenden Text durfte ich freundlicherweise dem Buch entnehmen. An dieser Stelle gilt mein Dank Herrn Thelesklaf.

> Der Sonnengruß mit seinen Körper- und Atemübungen hat trotz seiner Einfachheit eine allumfassende Wirkung auf jede Zelle, jede Sehne, jeden Muskel, jedes Organ. Er vermittelt Kraft, gleichzeitig aber

auch tiefe, innere Ruhe. Er kann das ganze Leben hindurch – von der Kindheit bis ins hohe Alter – überall und jederzeit praktiziert werden. Er kräftigt und stabilisiert das gesamte Verdauungssystem. Er stärkt das Herz, reguliert den Blutdruck und dadurch die Blutzirkulation. Die Funktion der Drüsen und lebenswichtigen Organe wird aktiviert: Herz, Magen, Leber, Milz und Därme. Die Widerstandskraft des Körpers wird erhöht. Die ganz besondere Wirkung auf die Elastitzität der Wirbelsäule sowie auf das Nervensystem ist nicht zu unterschätzen. Die Wirbelsäule mit dem Zentral-Nervensystem, als Verlängerung des Gehirns, von dem aus Energie über die Nerven an die Zellen und Organe des Körpers weitergeleitet wird. Denn nicht die Muskeln machen einen Menschen stark, sondern die vitale Energie, von der sie belebt werden. In Verbindung mit dem Nervensystem werden Streß, Depressionen und ein großer Teil dadurch bedingter psychischer Störungen günstig beeinflußt. Das rhythmische Ein- und Ausatmen intensiviert die harmonisierende und zugleich belebende Wirkung von „Surya Namaskar".

Osho-Kundalini-Meditation

Diese Meditations- und Bewegungsübung gliedert sich in vier Phasen. Sie führt aus der Aktivität in die Ruhe, aus der Zerstreuung in die Konzentration und von der Außenorientiertheit nach innen. Kundalini bedeutet hierbei so viel wie Lebensenergie. Die extra dafür geschaffene CD begleitet Sie durch alle vier Phasen. Den Wechsel zur nächsten Phase erkennen Sie jeweils an der sich ändernden Musik. Die Stillephase (4) endet mit einem Gong. Die Musik ist übrigens speziell dafür von Georg Deuter komponiert worden.

Das Besondere an der Osho Kundalini Meditation ist, dass wir aus der Bewegung in die Stille gehen. Dies kommt all denen zugute, die nicht durch bloßes Hinsetzen oder -legen zur Ruhe kommen oder meditieren können. Hier einige Bilder und Erklärungen zu den einzelnen Phasen.

1. Phase (Lockern und Schütteln) 15 Minuten

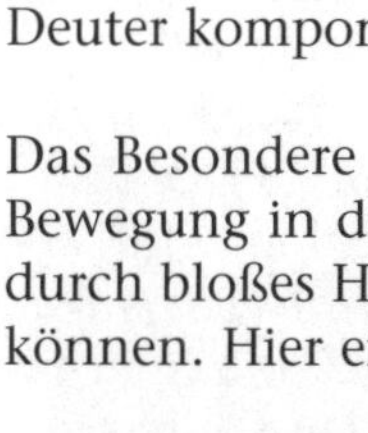

Stehend lassen wir den Körper sich locker schütteln. Wir versuchen, möglichst nichts zu steuern, sondern wir lassen zu, dass das Schütteln sich über die Füße und das Becken über den ganzen Körper ausbreitet. Manchmal dient uns die Vorstellung, auf einem wilden Pferd zu sitzen. Wirkung: Verspannungen werden gelockert, festsitzende Energien freigesetzt und Blockaden gelöst.

2. Phase (Tanzen und Fließen lassen) 15 Minuten

Nun benutzen wir die durch das Schütteln frei gewordene Energie, um sie in tanzende Bewegungen einfließen zu lassen. Hierbei können sowohl ruhige und harmonische als auch sehr temperamentvolle Bewegungen entstehen. Ganz wichtig ist auch hierbei, dass wir es geschehen lassen, ohne dabei zu versuchen, die Abläufe bewusst zu gestalten. „Es tanzt“!

3. Phase (Sitzen und Wahrnehmen) 15 Minuten

Die dritte Phase dient nun schon der Kontemplation. Wir sitzen in bequemer, jedoch möglichst aufrechter Haltung (es muß kein Yogasitz sein – und wir können uns auch an eine Wand lehnen, um unseren Rücken zu stützen) und nehmen einfach wahr, wie sich unser Körper anfühlt und welche Bilder und Gedanken durch ihn hindurchströmen.

4. Phase (Liegen und Stille) 15 Minuten

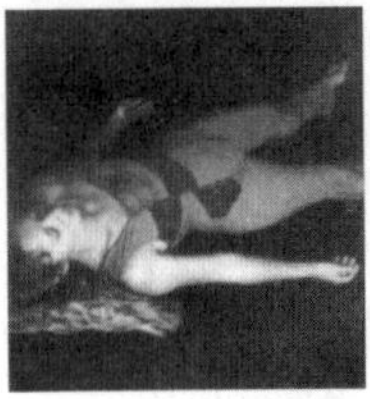

Nun genießen wir auf dem Rücken liegend die Stille; wir sind ganz zum Beobachter geworden. Ein Gong zeigt uns das Ende dieser vierten Station an. Danach gehen wir wieder an unsere Aufgaben oder genießen das Gefühl von Zentriertsein im Nichtstun. Wer mag, kann sich durch ein paar bewusste tiefe Atemzüge und etwas Gymnastik wieder aktivieren.

Im Zyklus dieser vier Phasen widerspiegeln sich viele Prozesse des Denkens, Handelns und auch des Nichtstuns. Der Osho-Kundalini-Meditation werden durchaus heilsame Wirkungen zugesprochen. Sie ist alleine und in Grupppen durchführbar. Vielleicht haben Sie bald einmal Gelegenheit, diese Meditation zu erleben. Die Osho-Kundalini-Meditation wird beschrieben in dem Buch *„Meditation: Die erste und letzte Freiheit – ein praktisches Handbuch“*. Dieser Hinweis erfolgte mit Erlaubnis der Osho International Foundation, www.osho.com. (Osho Kundalini-CD siehe Anhang)

Lassen Sie Ihren
Gedanken Flügel wachsen!

Schlaf ist das beste Ordnungssystem

Schlafen Sie genug?

Während einer Schlafdauer von ca. acht Stunden verarbeitet das Gehirn sämtliche Eindrücke und Gedanken des Tages. Hierbei wird auch entschieden, welche Informationen im Bewusstsein bleiben und welche in den Bereich des Unterbewusstseins verschwinden, die nur in besonderen Fällen (z.B. lebensbedrohlichen Situationen) wieder aktiviert werden können.

Wer dem Gehirn nicht diese wichtigen Erholungs- und Reinigungsphasen lässt, wird früher oder später Probleme bekommen oder das Gefühl haben, dass er überlastet ist, da stets zu viele Informationen im Bewusstsein verweilen. Wesentliches von Unwesentlichem zu trennen fällt dann umso schwerer.

Sie träumen sehr intensiv? Dann verarbeiten Sie Botschaften aus dem Unterbewusstsein. Belastende Situationen werden im Schlaf verarbeitet. Sie haben „Albträume“, bis eine bestimmte Situation „abgearbeitet“ ist und das belastende Bild langsam verblasst.

Mentaltraining vor dem Einschlafen

Wenn Sie sich abends vor dem Einschlafen bildlich vorstellen, was Sie gerne erreichen möchten, programmieren Sie Ihr Unterbewusstein auf Ihre Ziele und es wird leichter, diese zu erreichen. Nutzen Sie die Macht des Unterbewusstseins – aber verlassen Sie sich nicht ausschließlich darauf, es geht auch um Ihr Tun, damit die Erfolgsprogramme aktiviert werden können.

> Wenn Sie schlafen, geht die Seele auf Reisen. Schlafen bedeutet völlige Entspannung. Wenn schöne Träume hinzukommen, kann es ein paradiesischer Zustand sein.

Ohne ausreichenden Schlaf fühlen wir uns unwohl und nicht leistungsfähig. Schlafstörungen gehören zu den häufigsten Krankheiten überhaupt.

Schlaf bedeutet Regeneration auf allen Ebenen – sowohl auf der Zellebene als auch geistig und psychisch. Schlafentzug ist eine bekannte Foltermethode.

Wir beschreiben Ihnen hier nicht näher, welche Folgen Schlafmangel im Detail für Sie haben kann. Wir möchten Sie jedoch dazu ermutigen, einfach auszuprobieren, wie es Ihnen geht, wenn Sie dafür sorgen, dass Sie wieder regelmäßig oder kurmäßig über längere Zeitspannen zwischen sieben und acht Stunden schlafen. Sie werden selbst erfahren, was wir in Worten nicht beschreiben können.

Vielleicht sollten Sie sogar darauf achten, dass Sie schon ein bis zwei Stunden vor Mitternacht in den Schlaf versinken, denn dies soll bekanntlich der Schönheitsschlaf sein, so sagte auf jeden Fall meine Großmutter.

Schlaf – die Fitnesskur für Gedächtnis und Immunsystem!

Wussten Sie, dass Lernen ohne Schlaf gar nicht möglich wäre? Es gibt Untersuchungen, die eindeutig belegen, dass Gelerntes vor allem während des Tiefschlafs im Gedächtnis verankert wird. Es findet ein Dialog zwischen zwei Gehirnregionen statt. Im Hippocampus wird der Lernstoff zwischengelagert und im Cortex, der Gehirnrinde, wird er fest gespeichert. Sechs Stunden Schlaf braucht das Gehirn mindestens dazu. Sie kennen sicher den Rat, das Vokabelheft unters Kopfkissen zu legen. Da ist was dran! Voraussetzung ist nur, dass Sie sich bis zum Einschlafen mit dem Lernstoff befassen, damit die Vokabeln im Schlaf weiter verarbeitet und mit dem vorhandenen Wissen verknüpft werden. Sicher kennen Sie den Spruch: „Den Seinen gibt's der Herr im Schlaf."

In einer Ausgabe der Fachzeitschrift *Journal of Cognitive Neuroscience* wird über eine Studie berichtet, die einen direkten Zusammenhang zwischen der Effizienz des Lernens und der Schlafqualität des Lernenden nachweist.

Entscheidendes Kriterium ist hier der Schlaf *nach* dem Lernen. Dr. Robert Stickgold, Dozent für Psychiatrie an der Harvard-Universität, hat mit seinen Studenten einen interessanten Versuch durchgeführt. Die Studenten sollten in einem simplen Computersuchspiel ein bestimmtes

Symbol auf den Bildern wieder entdecken, die ihnen auf dem Bildschirm gezeigt wurden. Er notierte die Zeit, die die Studenten am ersten Versuchstag dazu brauchten. Dann teilte er die Testpersonen in zwei Gruppen.

Die erste Gruppe wurde nach knapp sechs Stunden Schlaf wieder geweckt, die zweite Gruppe durfte sich mit mindestens acht Stunden „ausschlafen". Er erhielt eindeutige Ergebnisse. Die Testpersonen mit zu wenig Schlaf konnten ihre Bestzeit nicht weiter steigern, während die Gruppe der „Ausgeschlafenen" die Aufgaben locker in einer neuen Bestzeit schaffte. Der Versuch wurde über mehrere Tage fortgeführt und zeigte eindeutig, dass die Personen mit über acht Stunden Schlaf sich weiter steigerten.

Wer also glaubt, dass er vor wichtigen Prüfungen die Nächte mit Lernen verbringen sollte, liegt falsch. Sie brauchen genügend Schlaf, damit der Lernstoff auf Ihrer „Festplatte" gespeichert ist und somit im Langzeitgedächtnis verankert wird. Nach ein paar Tagen lösen sich nämlich die Lernerfolge einer schlaflosen Nacht einfach wieder in nichts auf.

Werden Sie schnell wieder fit durch ein Nickerchen

Wenn Sie gerade bis zur Halskrause im Stress stehen und dringend eine Erholungsphase brauchen, ziehen Sie sich zurück, machen Sie ein kurzes Nickerchen. Schon nach 10 Minuten Schlaf sind Sie erfrischt und Sie verspüren wieder neuen Tatendrang.

Gerade am frühen Nachmittag, wenn das Bedürfnis, sich einem Schläfchen hinzugeben, am größten ist, sollten Sie dieser Versuchung nachgeben. Denn Sie werden eindeutig zum Risikofaktor, wenn Sie sich durch den Nachmittag quälen, nur weil Sie ein schlechtes Gewissen haben, am helllichten Tage ein Nickerchen gemacht zu haben. Zu dieser Tageszeit geschehen die meisten Unfälle sowohl im Straßenverkehr als auch am Arbeitsplatz. Lassen Sie sich fallen! Befreien Sie sich von Gewissensbissen und folgen Sie Ihrem gesunden natürlichen Bedürfnis, Sie werden dannach wieder leistungsfähiger sein.

Haben Sie daran gedacht, dass in südlichen Ländern eine Siesta am Nachmittag zum Lebensrhythmus gehört? Ja, es ist sogar ein heiliges Ritual, sich am frühen Nachmittag aus der Hektik des Alltags zurückzuziehen und ein Nickerchen zu machen. Die Läden sind geschlossen, der Verkehr ebbt ab, man ruht in abgedunkelten Räumen – das Alltagsleben steht für einige Stunden still. Nur die Touristen halten sich nicht daran. Sie quälen sich durch die Mittagssonne und lassen ihrem Aktionismus freien Lauf.

Aber auch am Abend, wenn Sie gestresst von der Arbeit nach Hause kommen und Sie Ihrem Körper eine kurze Auszeit gönnen wollen – legen Sie sich auf die Couch, schließen Sie die Augen und geben Sie sich dem süßen Selbstvergessen hin. Ein paar Minuten genügen und Sie haben wieder neue Kraft getankt.

Achtung – Vorsichtsmaßnahme

Beim Nickerchen oder beim Schlaf zwischendurch ist es wichtig, dass Sie nicht zu lange schlafen. Es könnte nämlich sein, dass Ihr Hormonhaushalt verrückt spielt. Es genügen wirklich wenige Minuten, um sich zu erholen. Eine halbe Stunde könnte zu viel sein, Sie fühlen sich wie gerädert und brauchen Stunden, bis Sie wieder gut drauf sind.

Stellen Sie sich bereits vor dem Nickerchen darauf ein, dass Sie genau dann aufwachen, wenn sich Ihr Geist und Ihr Körper regeneriert hat. Stellen Sie sich darauf ein, dass wenige Minuten genügen. **Auch hier können Sie die Kraft der Affirmation nutzen. Sagen Sie zum Beispiel, bevor Sie die Augen schließen: In wenigen Minuten werde ich topfit erwachen und voller Energie und Tatendrang sein.** Die Formulierung sollte auch hier wieder Ihrem persönlichen Ziel und Ihrer individuellen Wortwahl entsprechen.

Morgenstund hat Gold im Mund

Gilt das auch für Sie? Oder gehören Sie eher zu den Menschen, die lieber morgens länger im Bett bleiben und dafür abends zu Nachteulen werden?

Unser Schlafbedürfnis ist individuell verschieden, es richtet sich nach der inneren Uhr. Wir unterscheiden Abend- und Morgenmenschen.

Abendmenschen gehen etwa eineinhalb Stunden später zu Bett und stehen ca. zwei Stunden später auf als Morgenmenschen. Passen Sie Ihren Schlaf Ihrem individuellen Körperrhythmus an!

12 Gebote für gesunden Schlaf

1. Frische, nicht zu trockene Luft im Schlafzimmer, die Temperatur sollte ca. 17 °C betragen.
2. Achten Sie darauf, dass das Schlafzimmer abgedunkelt ist.
3. Gewöhnen Sie sich an, immer zu einem bestimmten Zeitpunkt ins Bett zu gehen, und stehen Sie auch zu einer bestimmten Zeit wieder auf.
4. Stellen Sie Lärm und störende Geräusche ab. Die Schlaftiefe nimmt ab ca. 50 Dezibel entscheidend ab (Straßenlärm: 70 bis 80 Dezibel).
5. Die letzte Mahlzeit sollten Sie drei bis vier Stunden vor dem Schlafengehen einnehmen, in erster Linie leicht verdauliche Dinge. Denken Sie an das „Kaiser-König-Bettelmann-Prinzip“: Frühstücken wie ein Kaiser, Mittagessen wie ein König, abends essen wie ein Bettelmann. Gehen Sie jedoch niemals hungrig zu Bett!
6. Ideal für die Wirbelsäule: Flaches Bett mit Lattenrost. Das Bett darf nicht zu weich sein. Die optimale Lage der Wirbelsäule sollte gestützt werden. Achten Sie darauf, dass Matratze und Bettdecken aus natürlichen Materialien bestehen, die Feuchtigkeit aufnehmen. Wie wär's mit einem Wasserbett? Für Ihre Wirbelsäule ist es Gold wert, und weil es wohl temperiert ist, schlafen Sie in wenigen Minuten tief wie ein Murmeltier.
7. Wenn Sie nach Genuss von Kaffee, Tee, Cola oder Alkohol schlecht einschlafen können, vermeiden Sie diese Getränke schon ab dem späteren Nachmittag. Bedenken Sie, dass Nikotin ähnlich wie Koffein wirkt!
8. Stellen Sie sicher, dass elektromagnetische Felder in der unmittelbaren Umgebung der Schlafstätte ausgeschlossen sind. Viele Menschen schwören mittlerweile auch schon auf sog. Netzfreischalter, die während der Nacht den gesamten Stromfluss im Schlafzimmer unterbrechen.
9. Verzichten Sie auf die ständige Einnahme von Schlafmitteln – diese sind nur in äußersten Notfällen und dann auch nur kurzfristig zu empfehlen.

10. Vielleicht befinden sich in Ihrem Schlafzimmer auch Störfelder. So können Wasseraderkreuzungen, Erdverwerfungen, ja sogar die Art, wie Sie Ihre Möbel gestellt haben, Gründe für Einschlafstörungen sein. Wenn es um die Raumgestaltung geht, können wir Ihnen wärmsten empfehlen, sich an einen ausgebildeten Feng-Shui-Berater zu wenden. Sicherlich wird er Ihnen auch empfehlen, Ihr Bett in Nord/Süd-Lage auszurichten. Der Kopf sollte im Norden liegen und die Füße im Süden, wo es warm ist. Adressen von Feng-Shui-Beratern finden Sie im Anhang.
11. Wenn Sie unter Einschlafschwierigkeiten leiden, versuchen Sie nicht, krampfhaft schlafen zu wollen. Stehen Sie besser wieder auf und gehen Sie erst bei aufkommender Müdigkeit wieder zu Bett. D.h., versuchen Sie es nicht, sondern lassen Sie es zu. Schlafen ist etwas, das geschieht. Man kann es eigentlich nicht tun. Es ist ein Geschenk.
12. Manchmal werden Sie von interessanten Gedanken wach gehalten. Legen Sie Block und Bleistift bereit, um diese Ideen oder auch Probleme zu notieren. Es gibt Menschen die haben schon die Lottozahlen der nächsten Ziehung geträumt, aber sie vergaßen, sie auch zu notieren. Das sollte Ihnen nicht passieren.

Gesunde Ernährung – Voraussetzung für körperliche und geistige Fitness

Einige der Hauptursachen für die Entstehung vieler Krankheiten sind:

- **Fehlernährung**
- **Bewegungsmangel**
- **Überforderung**
- **Erholungsdefizit** ➞ **Alles in allem: Stress**

An dieser Stelle wollen wir uns intensiver dem Thema Ernährung im Hinblick auf die Erhaltung und Steigerung von geistiger Fitness widmen.

Schauen wir uns die unterschiedlichsten Empfehlungen und Ratschläge aus Büchern und Seminaren zum Thema Ernährung an, so sind wir oft ratlos, da es sehr viele und verschiedene Wege zu beschreiten gibt. **Unsere Empfehlung:** Nutzen sie die Gelegenheit und wählen Sie aus allem, was Sie über Ernährung finden können, das aus, was Ihnen gut tut und auf lange Sicht auch bekommt. Ich will das Rad für Sie nicht neu erfinden, sondern habe lediglich einige nützliche und leicht zu praktizierenden Dinge aus meinem Erfahrungsbereich als Heilpraktiker zusammengetragen, damit Sie Zeit und Energie sparen können.

Im Folgenden werden Sie einige Texte aus dem Buch *Ernährung mit Vernunft* von G.A.Ulmer finden. Die Passagen sind jeweils mit emv gekennzeichnet. Herzlichen Dank an Herrn Ulmer für seine Zustimmung.

Jeden Tag stellt sich für uns die Frage nach einer geeigneten Ernährung, die unserem Körper die notwendigen „Betriebsstoffe" liefert, um alle Lebensfunktionen so zu erhalten, dass wir gesund bleiben, uns wohl fühlen und den körperlichen wie den geistigen Anforderungen leicht nachkommen. Richtige Ernährung heißt ausgewogene Ernährung, nur so können wir sicher sein, dass wir alle Nährstoffe erhalten, die wir täglich brauchen. Nun ist aber ein ganz wichtiger Faktor, dass viele Nahrungsstoffe durch industrielle Bearbeitung, durch chemische Behandlung und Zubereitung oder durch Erhitzung einen Teil ihrer Wirkstoffe verlieren und dann nicht mehr den „vollen" Wert besitzen, obwohl sie äußerlich vielleicht noch Nährmittel sind. Nach der Ernährungslehre wird unterschieden in **Lebens- und Nahrungsmittel**. (emv)

Lebensmittel sind Erzeugnisse, die noch Leben enthalten, oder die noch Reaktionen des Lebendigen zeigen. Sie enthalten Enzyme, Vitamine, Mineral- und Ballaststoffe in natürlicher Zusammensetzung. (emv)

Nahrungsmittel sind nicht mehr vollwertig, sondern nur teilwertig, weil Teile ihres Wertes durch erhitzende, konservierende oder präparierende Behandlung verloren gingen. Dabei ist bemerkenswert, dass bei Eiweiß, Fett und Kohlenhydraten am Kaloriengehalt nichts verändert wurde, aber der Vitalstoffgehalt weniger wurde oder ganz verloren ging. (emv)

Jeder Ernährungsplan sollte sich unbedingt an den Gesundheits-gesetzen orientieren und oberster Grundsatz sollte sein: So viel Natur wie möglich und so frisch wie möglich. Natürlich muss jeder selbst entscheiden, was für ihn zuträglich ist. Dies hängt allerdings nicht vom

Einfluss des Gaumens ab, denn der Geschmack kann verbildet sein und ist erziehbar, sondern es hängt von den Bedürfnissen des Körpers ab. Wer gegen das Gesetz seines Körpers handelt, kann zwar lange Zeit frei ausgehen, weil der Körper immer auszugleichen sucht, aber eines Tages kann er dies nicht mehr und es zeigen sich negative Folgen. Ernährungsfehler, die jahrelang gemacht wurden, können nicht mit ein paar Medikamenten wieder beseitigt werden. Oft tritt dann eine lange Leidenszeit ein. Es sollten also bei der Wahl unserer Ernährung nicht allein Gaumenreiz, Esslust und Gewohnheit entscheiden, sondern die Einsicht und die Vernunft, was für die eigene Gesundheit und auch für die Gesundheit anderer notwendig ist. (emv)

Nahrung fürs Gehirn

In unserem Gehirn leben und arbeiten ca. 90 Milliarden Neuronen. Sie sind hoch spezialisiert und vollbringen in ihrem Kommunikationsnetzwerk eine faszinierende Leistung. Für diese Arbeit benötigen sie beste Nährstoffe. Vitamine, Eiweiße, Mineralstoffe und Spurenelemente. Diese Betriebsstoffe gilt es dem Körper in ausreichendem Maße und vor allem regelmäßig zuzuführen. Sofern wir nicht unter psychischem Dauerstress stehen oder permanenten Umweltbelastungen ausgesetzt sind, genügt eine abwechslungsreiche Ernährung.

In der Regel gilt: Wer seine Nahrung aus vielfältigen Quellen abwechslungsreich zusammensetzt und darauf achtet, dass er bei den Mahlzeiten die Hälfte der Nährstoffe in rohem Zustand zu sich nimmt, der fährt schon einmal ganz gut. Zusätzlich sollten wir uns über die Quellen bewusst sein. Wo kommen die Lebensmittel her und von welchen Menschen wurden sie auf welchen Böden gepflanzt, betreut und geerntet? Es gibt Forschungen, die nachweisen, dass auch Pflanzen Aufmerksamkeit und Liebe benötigen, um kraftvoll zu wachsen und Energie und Nährstoffe zu speichern. Auch Pflanzen haben ein Gedächtnis. Ich persönlich empfehle den biologisch-dynamischen Anbau, bei dem auch die Mondphasen zur Auswahl der richtigen Saat- und Erntezeiten berücksichtigt werden. Ich kaufe die meisten Lebensmittel direkt von Erzeugern, die ich persönlich kenne. Achten Sie zudem auf mögliche Schadstoffbelastungen wie z.B. Farbstoffe, Konservierungsmittel und Pestizide.

Lebenswichtige Nährstoffe für Hirn, Herz und Bauch

- **Fisch** hat für die Ernährung der Gehirnzellen eine besondere Bedeutung. Die im Fisch enthaltenen Aminosäuren helfen der Leber, das für unser Denken unerlässliche Acetylcholin zu produzieren.

  Ich bezeichne Acetylcholin sehr gerne als das Denkhormon, da es bei ca. 70 % aller Denkvorgänge im Gehirn benötigt wird. Übrigens wird die körpereigene Produktion von Acetylcholin durch Stresseinwirkung gemindert. So könnte sich auch der stressbedingte Gedächtnisverlust erklären lassen, wenn Stresshormone die Informationsweiterleitung in den Synapsen behindern. Synapsen stellen die Verbindung zwischen den Neuronen her. Genau dort, in den Räumen zwischen den Zellen (synaptischer Spalt), wird Acetylcholin als Neurotransmitter dringend benötigt. **Fische sind das Manna der Geistesarbeiter.**
- **Obst** allgemein ist eine ideale Zwischenmahlzeit. Es enthält eine Vielzahl von Nährstoffen, die teilweise bereits über die Mundschleimhaut den Gehirnzellen zugeführt werden. Zudem liefert es unserem Körper schnell verwertbare Kohlenhydrate, lebenswichtiges Wasser und große Mengen an Mineralstoffen, die einer durch schlechte Ernährung oder stressbedingten Übersäuerung des Körpers entgegenwirken.

- **Bananen** liefern unter anderem Magnesium und helfen dem Körper, zu entspannen. In den noch nicht ausgereiften Bananen soll zudem ein Stoff enthalten sein, der positiv auf unsere Stimmung einwirkt.

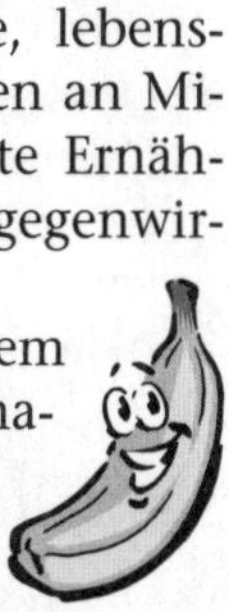

- **Studentenfutter**, die schnelle Zwischenmahlzeit in Phasen intensiven Lernens. Im Studentenfutter befinden sich durch die Nüsse hochwertige Eiweiße und Fette. Es ist sogar ein Fettbaustein enthalten, der ohne große Veränderung direkt in der Nervenzelle Verwendung findet. Zudem liefern die Rosinen schnell verwertbare Kohlenhydrate.

Nutritive Gehirnnahrung – Empfehlungen von Johannes Holler

Johannes Holler, Mediziner, Physiotherapeut und Autor des Buches *Das neue Gehirn,* gibt uns viele Hinweise, wie wir unseren Geist und unser Gehirn gesund und fit halten können. In einem persönlichen Gespräch gab er uns weitere Tipps zur Gehirnernährung.

- **Aminosäuren**
  - **Lysin** erhöht die Lernfähigkeit, hilft bei Antriebslosigkeit, Konzentrationsstörungen und Gedächtnisschwäche. Vorkommen: Luzernesprossen, Sojabohnen, Aprikosen, Birnen und Trauben.
  - **Phenylalanin** verbessert die geistigen Fähigkeiten, erhöht die Konzentration, Motivation und intellektuelle Leistungsfähigkeit. Diese Aminosäure ist zudem sehr wichtig als Grundbaustein vieler Hormone. Vorkommen: Eier, Milch, Soja und Fleisch.
  - **Tryptophan** verwandelt der Körper in den Neurotransmitter Serotonin, das für gute Laune und guten Schlaf sorgt. Vorkommen: in Milch, Joghurt, Bananen, Nüssen, Vollkorngetreide, Spinat, Rettich, Fenchel, Endivien, Bohnen, Fisch und Huhn.
  - **Tyrosin** ist der Gegenspieler von Tryptophan – er hält wach und vertreibt die Müdigkeit, verbessert die Genauigkeit der Denkarbeit und schwächt die Stressanfälligkeit. Vorkommen: in Fisch, Eier, Käse.
- **Komplexe Kohlenhydrate**
  Komplexe Kohlenhydrate halten uns wach und gewährleisten die Konzentrationsfähigkeit. Vorkommen: in Getreide, Vollkornprodukten, frischem Obst und Gemüse. Maronen haben eine besondere Wirkung auf Nervenfortleitung und Muskelerregung.
- **Omega-3-Fettsäuren**
  Omega-3-Fettsäuren sind ein vorbeugender Gesundheitsfaktor für die Gehirnfunktion von Babys und älteren Personen. Sie unterstützen ebenfalls die Konzentrationsfähigkeit und fördern die Gedächtnisleistung. Vorkommen: z.B. in Heringen und Makrelen.

Sinnvolle Nahrungsergänzung?

Der Vitalstoffgehalt im Gemüse nimmt ab. Trotz großer Sorgfalt bei der Nahrungsmittelbeschaffung ist nicht gewährleistet, dass unsere Nahrungsmittel all die lebenswichtigen Stoffe enthalten, die wir zur Erhaltung unserer Gesundheit und Leistungsfähigkeit benötigen. Aktuelle Studien einer Schwarzwälder Klinik zeigen deutlich, dass der Nährstoffgehalt im Gemüse in den letzten Jahren deutlich gesunken ist. Die Ursache hierfür ist vielfältig. Falsche Düngung, saurer Regen, kein ökologischer Anbau, womit die Böden regelrecht ausgelaugt wurden.

Fastfood. Eine Großzahl der Menschen ernährt sich von Pommes, Bratwurst und Tiefkühlkost. Vielfach sind in solchen Nahrungsmitteln kaum Nährwerte mehr enthalten. Schnell muss es gehen, die Zeit läuft.

Spaßfood (Schokolade und allerlei Süßigkeiten und künstliche Getränke) in enormen Mengen verspeist oder getrunken, machen unseren Organismus sauer. Das Immunsystem muss Höchstarbeit leisten und wird dadurch anfällig. Der Abbau von Mineralien in den Knochen wird gefördert. Die vermeintlich schnelle Energiezufuhr führt zum rapiden Abbau von Lebensenergie und zur Anfälligkeit gegenüber Krankheitserregern. Das anfängliche Sättigungsgefühl täuscht, der Körper verlangt nach mehr.

Aufgrund dieser Gegebenheiten kann die gezielte Nahrungsergänzung außerordentlich sinnvoll sein. Vor allem dann, wenn wir täglich Höchstleistungen bringen müssen und unter besonderen Belastungen stehen. Auch der Einfluss von Stress, Elektrosmog und anderen Umweltgiften erfordert zur Gesunderhaltung unseres Körpers zusätzliche Vitalstoffe, damit ein optimaler Zellschutz gewährleistet ist. Sollten auch Sie das Gefühl haben, dass das Übliche nicht mehr ausreicht, dann heiße ich Sie herzlich Willkommen auf dem Weg **„Vom Normalen zum Gesunden“.**

Kleine Vitamin-Fibel für gesundheitsbewusste Menschen

Am Beispiel der Vitamine möchten wir Ihnen nahebringen, wie wichtig es ist, unseren Körper mit Vitalstoffen zu versorgen. Genauso wichtig und unverzichtbar sind natürlich auch Mineralstoffe, Spurenelemente und Aminosäuren. Wie Sie bei den Angaben zur Herkunft der Vitamine ersehen können, hilft auch hier eine abwechslungsreiche, mit viel Obst und Gemüse zusammengestellte Ernährung, die Basisversorgung zu gewährleisten.

Vitamin A (Retinol)
Das Vitamin A ist gut für die Haut, Schleimhäute und für die Augen. Es soll auch krebsvorbeugend wirken, vor Umweltbelastungen schützen und die Abwehrkräfte stärken. Vitamin A kommt in Eiern und Milchprodukten, in Mohrrüben, grünen und gelben Gemüsesorten vor. Auch Kürbis ist ein guter Vitamin-A-Lieferant. Wir empfehlen, zum Würzen von Salaten und Soßen z.B. Kürbisöl zu verwenden (auch die Prostata wird es den Männern danken.)

Vitamin B1 (Thiamin)
Dieses Vitamin ist für die Herz-, Gehirn- und Nervenfunktionen besonders wichtig und sorgt für ausreichend Energieumwandlung aus Kohlenhydraten. Es ist z.B. in geschältem Reis, Hefe, Vollkornweizen, Erdnüssen, Erbsen, Milch und Mais; auch Leber und Bierhefe liefern große Mengen an Vitamin B1.

Vitamin B2 (Riboflavin)
Vitamin B2 unterstützt die Hautregeneration, ist wichtig für funktionierende Schleimhäute, für den Stoffwechsel und es unterstützt die Sehfähigkeit. Zudem ist es wichtig für die Produktion von Adrenalin. Auch die Muskeln benötigen für ihren Aufbau Vitamin B2. Vorhanden ist das Vitamin z.B. in Brokkoli, Pilzen, Käse, Blattsalaten, Hefe und Milch, ebenso in Leber und Eiern und Fisch.

Vitamin B3 (Niacin)
Vitamin B3 unterstützt den Stoffwechsel, das Verdauungssystem und die Gehirnfunktionen. Darüber hinaus reguliert es den Cholesterinspiegel und ist wichtig für die Blutzirkulation und den Hirnstoffwechsel. Vitamin B3 ist z. B. in Avocados, Datteln, Feigen, Erdnüssen, Vollkornweizen, Eiern, magerem Fleisch und Geflügel vorhanden.

Vitamin B5 (Pantothensäure)
Dieses Vitamin brauchen wir für unsere Gehirn- und Nervenfunktionen, für unser Verdauungssystem, zur Antikörperbildung und zur Cholesterin- und Fettkontrolle. Es dient der Entzündungsprophylaxe und stärkt Haut und Haare. Vorhanden ist es z. B. in grünen Gemüsesorten, Hefe, Vollkornweizen, Nüssen und Eiern (besonders im Eigelb). Ebenso findet es sich in Innereien.

Vitamin B6 (Pyridoxin)
Vitamin B6 ist wichtig für die Produktion der roten Blutkörperchen, für das Immunsystem, für den Stoffwechsel von Eiweißstoffen und Fett. Es soll auch vorbeugend gegen Nierensteine wirken. In folgenden Lebensmitteln finden Sie dieses Vitamin: Bananen, Kohl, Hefe, Avokados, Paprikaschoten, Weizenkleie und Weizenkeime.

Vitamin B12 (Cobalamin)
Besonders wichtig zur Gesunderhaltung des Nervensystems. Es beeinflusst den Energiehaushalt des Körpers und sollte gerade bei geistiger Arbeit zur Genüge in den Mahlzeiten vorkommen. Vitamin B12 finden wir besonders in Leber, Niere, Milchprodukten, Fleisch, Fisch und Eiern.

Vitamin C (Ascorbinsäure)
Vitamin C ist wohl den meisten Menschen ein Begriff. Es ist wichtig für die Abwehrreaktionen und unterstützt das Immunsystem auf vielfache Weise. Nach Dr. Rath soll es bei entsprechend hoher Dosierung schädigende Risse in den Blutgefäßwänden verhindern. Es hilft gegen Zahnfleischbluten und unterstützt auch sonst die Wundheilung. Ebenso ist es als Schutzfaktor bei Krebserkrankungen bekannt. Vitamin C ist z.B. in Zitrusfrüchten, Kartoffeln, Beeren, Blumenkohl, Tomaten, Kiwis und natürlich in sehr hohen Mengen in der Acerolakirsche vorhanden. Man kann es auch als Pulver (Ascorbinsäure) kaufen, aber achten Sie dann bitte genau auf die Dosierung bzw. auf die Empfehlung Ihres Apothekers!

Vitamin D (Calciferol)
Dieses Vitamin ist wichtig für die Knochen- und Zahnbildung, für den Muskelaufbau, die Nerven und allgemein für die inneren Organe. Auch dieses Vitamin soll krebsvorbeugend wirken. Es ist z. B. in Milchprodukten und verschiedenen Fischsorten wie Sardinen und Heringen vorhanden. Ebenso finden wir es in Eigelb, Avocados und Pilzen.

Vitamin E (Tocopherol)
Vitamin E unterstützt die Wundheilung und Narbenbildung sowie die Gehirn- und Nervenfunktionen. Vitamin E gehört wie Vitamin A und C zur Schutztruppe des Immunsystems. In Präparaten wird es meist noch mit Zink und Selen zu einem wirksamen Zellschutz-System. Vitamin E kommt in Spinat, Weizenkeimen, Sojabohnen, Eiern und Vollkornweizen vor. Auch kaltgepresste pflanzliche Öle sind gute Vitamin-E-Lieferanten.

Folsäure
Bei der Folsäure handelt es sich um eine Vitamingruppe, die u. a. wichtig für das Gehirn, die Nerven, die Blutbildung und die Zellreproduktion ist. Fachleute sagen auch, dass unsere Stimmung durch Folsäure positiv beeinflusst werden kann. Folsäure ist z.B. in grünen Blattsalaten, Erbsen, Orangen, Mohrrüben, Eiern, Bananen, Avocados, Hefe und Vollkornweizenmehl. Im Sommer liefert uns auch die beliebte Erdbeermilch reichlich an Folsäure.

Vitamin H (Biotin)
Eine ausreichende Zufuhr von Biotin lässt sich besonders an gesunder Haut, gesunden Schleimhäuten, Haaren und Fingernägeln erkennen. Es spielt ein Rolle im Energiehaushalt der Zellen und wirkt regulierend auf den Blutzuckerspiegel. Auch unser Gehirn und Nervensystem benötigt Biotin. Wir finden es in Sojaprodukten, Hefe, Nüssen, Tomaten, Milch, Eigelb und Leber.

Vitamin K (Phyllochinon)
Es handelt sich hierbei um eine Vitamingruppe. Diese Vitamine sind für die Blutgerinnung wichtig. Sie befinden sich in grünen Blattsalaten, Alfalfa, Sojabohnen und Steckrüben.

PS: **Essen Sie Algen** oder Präparate, die Algen enthalten. Ich will mich in sehr einfachen und wenigen Worten ausdrücken: Algen enthalten eine Vielzahl wichtiger Aminosäuren (Eiweißbausteine), die in unserem ganzen Körper und im Speziellen eben auch im Gehirn benötigt werden. Das in den Algen enthaltene Chlorophyll (der Pflanzenfarbstoff, wirkt im menschlichen Organismus ähnlich wie Hämoglobin (Blutfarbstoff). Zudem haben die Pflanzen sehr viel Sonnenenergie gespeichert. Wenn wir Algen essen, können wir unserem Körper einen Teil dieser Energie zuführen. Ein bekanntes Produkt, das von Dr. Vargas in Ecuador entwickelt wurde und was es in Apotheken und Reformhäusern in der Regel auch zu kaufen gibt, heißt ALEN. Es werden ihm unzählige gesundheitsfördernde Wirkungen zugeschrieben. Es gibt mittlerweile sehr viele Algenprodukte. Zu erwähnen ist z.B. noch die Alge des Klamath-Sees. Fragen Sie doch einfach in Fachgeschäften und probieren Sie es aus. Sie werden selbst am besten merken, was Ihnen gut tut.

Essen darf Freude machen

Aus ganzheitlicher Sicht weise ich Sie darauf hin, dass ein gestresster Mensch nur einen geringen Teil der Nährstoffe in sich aufnehmen kann, die er zu sich nimmt. Viele Krankheiten und körperliche Probleme entstehen nicht deswegen, weil wir dem Körper nicht das anbieten, was er benötigt, sondern weil er es aufgrund jahrelangen Raubbaus und durch den Konsum von toten Nahrungsmitteln verlernt hat, Nährstoffe optimal aufzunehmen.

Nehmen Sie sich Zeit zum Essen.
Lassen Sie während der Mahlzeiten Ihre Sorgen los und achten Sie darauf, dass Sie während dem Essen von positiven Menschen umgeben sind.

Alles im Fluss? – Wasser als Lebenselexier

Wie an anderer Stelle bereits erwähnt, ist Wasser ein ganz besonderer Saft. Es kann als Lebens- und Heilmittel Nr. 1 bezeichnet werden, denn ohne Wasser könnten wir nicht existieren und unser Stoffwechsel würde z.B. nicht funktionieren. Obwohl jedem erwachsenen Menschen bekannt ist, wie wichtig Wasser zur Erhaltung der körperlichen Gesundheit und geistigen Fitness ist, finden nur wenige Menschen den optimalen Zugang zu diesem besonderen Lebenselixier. Vielleicht kann ich Sie durch dieses Kapitel zum Wassertrinken bewegen. In meinen Seminaren sage ich immer wieder, dass es besser ist, dem Körper regelmäßig vitales Wasser zuzuführen, als müde und abgeschlafft über irgendwelchen Gedächtnisübungen zu sitzen. Erstaunlich ist auch zu erleben, wie plötzlich freudig getrunken wird, wenn frisches Wasser bereitgestellt wird. So gehört Wassertrinken mittlerweile zu den wichtigsten Übungen in meinen Seminaren. Lassen Sie uns aber jetzt das Thema etwas ausführlicher betrachten.

Unser Körper besteht zu über 65 % aus Wasser. Es ist ein echtes Lebenselixier und übernimmt dabei zahlreiche Funktionen. Es trans-portiert lebenswichtige Vitalstoffe, Salze und Mineralien zu den Körperzellen, liefert wichtige Informationen auch in die entlegensten Körperregionen und es sorgt für den Abtransport von allerhand Abbauprodukten. All dies ist nur möglich, wenn wir genügend trinken. Welches die optimale Trinkmenge pro Tag ist, darüber sind sich die Gelehrten mittlerweile einig. Für einen Gesunden sind es ca. zwei Liter Wasser pro Tag. Nur zu oft vergessen wir in unserer modernen Zeit, wie wichtig regelmäßiges Wassertrinken tatsächlich ist. Wir trinken, weil wir durstig sind. Wenn wir mit dem Trinken allerdings so lange warten, bis uns die Mundtrockenheit zum erlösenden Schluck Wasser verführt, so leiden die Organe bis zu diesem Zeitpunkt schon längere Zeit unter den Folgen von Wassermangel.

Mögliche Signale des Mangels:
Schmerzen, Müdigkeit, Abgeschlagenheit, Verwirrtheitszustände, Sehstörungen, Taubheitsgefühle, Antriebslositkeit, Stimmungsschwankungen und natürlich auch Gedächtnis- und Konzentrationsstörungen.

Wie verteilt sich das Wasser auf die einzelnen Organe?

Gehirn	90%	Blut	83%	Muskeln	75%
Lunge/Leber	86 %	Niere	82%	Blut	75%

Anhand dieser Aufstellung können wir sehen, dass sich in unserem Gehirn am meisten Wasser befindet. Ja, wir sind Wasserköpfe und es ist erstaunlich, wie es sich mit so viel Wasser denken und erfinden lässt. Ich könnte mir vorstellen, wenn unser Gehirn zu 99% aus Wasser bestünde, wären wir noch leistungsfähiger und kreativer.

Wir können nicht auf Vorrat trinken!

Wir sind nicht gebaut wie ein Kamel. Uns fehlen Wasserbehälter, aus denen sich der Organismus in Zeiten des Mangels versorgen kann. Fehlt es dem Körper an Wasser, so wird es erst aus den Bereichen abgezogen, in denen es nicht so dringend benötigt wird.

Untersuchungen zeigen, dass der Verlust von einem Liter Wasser (wenn er nicht innerhalb weniger Minuten ausgeglichen wird), zu Einbußen der geistigen Leistungsfähigkeit von bis zu 20 % führen kann.

Daher ist es besonders wichtig, größere Wasserverluste zügig auszugleichen. Im Allgemeinen gilt, die für unsere Gesunderhaltung erforderliche Menge an Wasser über den Tag aufzuteilen. Besser ist noch, die Trinkmenge im Allgemeinen zu erhöhen, bewusster zu trinken Wasser mehr wertzuschätzen.

Was kann zu einem Mehrbedarf an Wasser führen?

Folgende Punkte können den individuellen Wasserbedarf beeinflussen:

- Lebensalter und Lebensart
- besondere körperliche Belastungen und Stresssituationen
- geographisch-klimatische Grundbedingungen
- Stoffwechselveränderungen
- Erkrankungen (z.B. bei Erbrechen/Durchfall/Fieber)
- besondere Belastungen durch Schwangerschaft und Stillen

Wasserbedarf von Säuglingen

Ein Säugling benötigt innerhalb der ersten vier Monate 140 bis 160 ml pro kg Körpergewicht. Im Idealfall wird dieser Bedarf vollkommen durch die Muttermilch gedeckt. Ist dies nicht möglich, kann auch auf industriell gefertigte Säuglingsnahrung ausgewichen werden. Ab dem fünften Monat sinkt der Bedarf auf 110 bis 140 ml pro kg Körpergewicht. Ab dem siebten Monat ist die Zufuhr allein durch die Muttermilch nicht mehr ausreichend und muss zusätzlich ergänzt werden. Die Ausscheidungsfunktion der Nieren ist nur mit genügend Flüssigkeitszufuhr gewährleistet. Der Flüssigkeitsaufnahme des Säuglings ist infolgedessen besondere Beachtung zu schenken.

Wichtige Grenzwerte fürs Leitungswasser: Wenn Sie Ihren Säugling mit Trinkwasser (Leitungswasser) versorgen, achten Sie insbesondere darauf, ob in Ihrem Haus noch Blei- oder Kupferrohre verlegt sind, oder ob Sie einen Boiler mit Kupferrohren besitzen. Babys dürfen niemals abgestandenes Wasser aus solchen Rohren oder Behältnissen trinken, da die im Wasser enthaltenen Schwermetalle gesundheitsschädliche Wirkungen nach sich ziehen könnten. Ebenso achten Sie bitte auf den Nitratwert, der für Säuglinge den Grenzwert von 50mg/l nicht überschreiten darf (Trinkwasserverordnung). Soweit die Vorgaben von offizieller Stelle. In Mineralwasser dürfen lediglich 10mg/l enthalten sein.

Meine Empfehlung: Wenn Sie Ihrem Kind Leitungswasser zu trinken geben oder die Säuglingsnahrung damit zubereiten, fordern Sie von Ihrer Gemeinde oder Stadtverwaltung die aktuellen Messdaten an. Meiner Ansicht nach ist der Grenzwert von 50mg/l viel zu hoch und birgt für einen Säugling gesundheitliche Risiken.

Wichtige Grenzwerte für das Mineralwasser (ohne Kohlensäure):
Achten Sie auf den Hinweis: „für Säuglingsnahrung geeignet".
Wichtige Grenzwerte: Nitrat: max. 10 mg/l, Natrium: max. 0,02 mg/l.

Wasserbedarf für Kinder und Jugendliche

Das Forschungsinstitut für Kinderernährung in Dortmund empfiehlt folgende Trinkmengen:

Alter	Menge (ml/Tag)
1–3 Jahre	600–700
4–6 Jahre	800
7–9 Jahre	900
10–12 Jahre	1000
13–14 Jahre	1200
15–18 Jahre	1200

Zusätzlich zu den empfohlenen Trinkmengen für Wasser empfiehlt sich eine abwechslungsreiche Kost an wasserreichem Obst und Gemüse. Für alle, die zeitweise nicht an genügend Wasser herankommen, ist das eine gute Möglichkeit, den Wasserbedarf zu decken und Nährstoffe zu tanken.

Durstzeichen dürfen auch bei Kindern nicht übersehen werden. Das heißt, wenn der Durst sich meldet, können bereits Mangelzustände bestehen, die schnellstmöglich auszugleichen sind. Unruhezustände und Aufmerksamkeitsstörungen lassen sich oft rasch durch Trinken von Wasser beheben.

Achtung: Große Wasserverluste können bei Kindern sehr schnell lebensbedrohlich werden. Von sog. künstlichen Getränken, deren Marken hier nicht genannt werden, ist abzuraten, da sie zu schnell wieder ausgeschieden werden und somit dem Körper zu wenig Flüssigkeit bieten. Zudem enthalten diese modernen Getränke oftmals Zucker, Geschmacks- und Farbstoffe, die ebenfalls keine gesundheitsförderliche Wirkung besitzen. Die Inhaltsstoffe irritieren das natürliche Geschmacks- und Durstempfinden der Kinder und schaffen künstliche Abhängigkeiten. Nach jahrelangem Missbrauch sind Jugendliche oder Erwachsene nur schwer wieder auf die gesunden und lebenswichtigen Getränke hinzuführen. Dies gilt auch für die Kohlensäure, deren einzige Funktion darin besteht, mögliche in den Flaschen befindliche Bakterien zu töten. Wer sich an die Kohlensäure gewöhnt hat, empfindet das Prickeln als angenehm und erfrischend. Diese Frische wird zu gern, vor allem bei „aus Leitungswasser selbst hergestelltem Sprudel", mit der Reinheit des Wassers verwechselt. Wenn Sie selbst Sprudel herstellen, achten Sie auf die Grenzwerte.

Wasserbedarf für Erwachsene und Senioren

Die empfohlene Trinkmenge für Erwachsene und Senioren liegt bei zwei bis drei Litern. Sofern Medikamente eingenommen werden, sollte die Trinkmenge deutlich erhöht werden, damit die Wirkstoffe die Zielzellen besser erreichen und Entgiftungsfunktionen optimal ablaufen können.

Der Alterungsprozess geht mit einem Flüssigkeitsverlust einher und wird als Dehydrierung bezeichnet. Wenn junge Erwachsene schon Mühe mit dem regelmäßigen Wassertrinken haben, so verliert sich bei älteren Menschen auch das Durstgefühl zunehmend. Wer gut und regelmäßig Wasser trinkt, leistet den besten Beitrag in die eigene Lebensversicherung. Spornen Sie sich selbst und andere zum Trinken an, indem sie immer ein volles Glas Wasser in greifbarer Nähe haben und auch zu den Mahlzeiten genügend trinken.

Erhöhter Bedarf für Schwangere und Stillende: Während der Stillzeit kann sich die Trinkmenge auch auf bis zu 2,5 und 3,5 Liter erhöhen.

Erhöhter Bedarf für Sportler und beruflich besonders belastete Menschen: Aufgrund körperlich erhöhter Belastungen benötigen diese Menschen auf jeden Fall zwischen zwei bis drei Litern täglich. Bei außerordentlichen Belastungen kann der Bedarf noch deutlich steigen.

Achten Sie bei Extrembelastungen auch auf die Zufuhr von Mineralstoffen und Spurenelementen. Allen voran Magnesium! Während den kraftzehrenden Aktivitäten empfiehlt es sich, Obst in ausreichenden Mengen zu sich zu nehmen.

Zusammenfassung

Ohne Wasser ist menschliches Leben unmöglich. Wir können nicht auf Vorrat trinken und müssen daher regelmäßig an die Zufuhr von Flüssigkeit denken. Die ideale Trinkmenge für einen gesunden Erwachsenen liegt bei ca. zwei bis drei Litern pro Tag. Besondere Belastungen und Erkrankungen führen in der Regel zu einer Erhöhung der angegebenen Trinkmenge. Wasser transportiert Nährstoffe zu den Zellen und führt Schlacken und Abbauprodukte zu den Ausscheidungsorganen. Wasser kann Schadstoffe und Schadstoffinformationen enthalten. Diese können durch eine Kombination aus Wasserfilterung und Wasserenergetisierung harmonisiert werden. Reines, vitalisiertes und kostengünstiges Wasser erhalten Sie unter Verwendung von geeigneten Filter- und Vitalisierungssystemen direkt an Ihrem eigenen Wasserhahn.

Müde Trinker sollten stets ein Glas Wasser bereitstellen, damit sie an das Trinken erinnert werden. Wasser trinken hält gesund und fit, unterstützt das Immunsystem und hilft, dem Entstehen von vielerlei Krankheiten vorzubeugen. Die Wirksamkeit von Nährstoffen und Medikamenten wird durch den rascheren Transport zu den Zellen hin verbessert. Mögliche Nebenwirkungen können durch Wassertrinken positiv beeinflusst werden.
Achtung: Gerade jetzt ist wieder ein guter Zeitpunkt, ein Glas Wasser zu trinken! **Prost.**

Tee – Muntermacher und Heilmittel

1. Ginkgo biloba

Ginkgo biloba ist ein Auszug aus den Blättern des Ginkgobaumes und zählt zu den wirksamsten Mitteln zur Anregung der Gehirnfunktion und zur besseren Durchblutung in sämtlichen feinen Blutgefäßen.

2. Ginseng

Fördert die Belastbarkeit des gesamten Organismus und hat ausgleichende Wirkung auf das vegetative Nervensystem und den Blutdruck. Sehr gut auch bei Stressbelastungen z.B. vor Prüfungen.

3. Gunpowder

Grüner Tee hat vielfältige gesundheitsfördernde Wirkungen. Der chinesische Gunpowder wirkt besonders anregend und verbessert ebenfalls den Stoffwechsel im Gehirn. Vielleicht mögen Sie ihn auch am liebsten mit einem Schuss Milch und leicht gesüßt.

4. Johanniskraut

Johanniskraut wirkt direkt auf unser Nervensystem. Nicht nur bei Stimmungsschwankungen und bei Depressionen wirkt es wahre Wunder. Als Johanniskraut-Tee oder als Präparat in Reformhäusern erhältlich. Wenn Sie sehr unter Stress leiden oder sich unter Druck fühlen, ist eine Kombination mit Cava-Cava empfehlenswert.

5. Ingwer als Tee oder auch roh

Aufgrund seiner Schärfe wird Ingwer vor allem bei der Zubereitung asiatischer Speisen verwendet. Ingwer wirkt basisch, anregend, desinfizierend und verdauungsfördernd. Als Heilpraktiker empfehle ich Ihnen, Ihre Speisen reichlich mit Ingwer zu würzen und nach den Mahlzeiten ein Stück Ingwer zu kauen. Viele Drüsen werden angeregt, Hirnanhangdrüse und Zirbeldrüse aktiviert.

Hinweis: Fragen Sie in Naturkostläden, Reformhäusern und Apotheken nach den Teemischungen und Präparaten. Eine Anlaufstelle nennen wir im Anhang.

Fit durch Kaffee? – Ein wirklich heißes Thema!

Sicher kennen einige von Ihnen den berühmten Kinderkanon:

> C-a-f-f-e-e – trink nicht so viel Kaffee!
> Nicht für Kinder ist der Türkentrank,
> schwächt die Nerven, macht dich blass und krank.
> Sei doch kein Muselmann, der das nicht lassen kann!

Somit haben wir in frühen Kindertagen schon ein ziemlich negatives Bild von Kaffee erfahren. Sicherlich ist es gut so, denn zu früh sollten wir nicht damit anfangen. Hier soll dieses Bild etwas gerade gerückt werden. Am Ende des Kapitels werden Sie feststellen, dass es durchaus etliche positive Aspekte zum Thema **Kaffee – wohlgemerkt als Genussmittel – für geistige Fitness** gibt!

> Wir möchten Sie nicht zum Kaffetrinken anleiten, jedoch können wir Ihnen wichtige Tipps geben, wie Sie auch mit Kaffee möglichst gesund bleiben und den belebenden Effekt bis ins hohe Alter genießen können.

Wie viel Kaffee trinken Sie pro Tag? Gehören Sie zu den Menschen, die sich mit unzähligen Tassen Kaffee im alltäglichen Stress eines Bürotags fit halten wollen? Man hört mehr Negatives als Positives über das beliebteste Getränk der Deutschen. Neues zur Wirkung von Kaffee wirbelt immer wieder Diskussionen auf. Ist der Genuss dieses Getränks wirklich so schädlich oder hat er auch positive Nebenwirkungen? Welchen Einfluss hat er auf unsere körperliche und geistige Fitness?

Kaffee und seine Inhaltsstoffe

- scheinbares Eiweiß: 9 %
- scheinbare Kohlenhydrate: 24 %
- Fette und Lipoide: 13 %
- Säuren: 4,5 %
- Koffein: 1,2 %
- Nikotinsäure: 0,02 %
- Mineralstoffe: 4 %
- Wasser: 2,5 %

- flüchtige Aromastoffe: 0,1 %
- unbekannte Substanzen: 35 %

(Quelle: Katalyse Umweltgruppe Köln, Chemie in Lebensmitteln)

Wussten Sie, dass das eigentliche Aroma erst durch das Rösten entsteht? Ohne Koffein wäre Kaffee niemals das, was es als Genussmittel heute für uns bedeutet. In ungeröstetem Kaffee sind es immerhin 0,8 bis 2,5 %, bei geröstetem Kaffee verringert sich die Koffeinmenge geringfügig.

Die Wirkung von Kaffee

Wir wissen, dass Koffein kurzfristig unsere Leistungsfähigkeit steigert. Koffein wirkt auf unser Zentralnervensystem als Reizmittel und regt die Kreislauf- und Gehirnfunktionen, also die geistige Tätigkeit, an. Es erhöht den Blutdruck, fördert die Nieren-, Muskel- und Herztätigkeit, beschleunigt den Stoffwechsel und fördert die Tätigkeit der Großhirnrinde.

Nach dem Essen ein oder zwei Tassen Kaffee zu trinken ist durchaus empfehlenswert. Dabei wird der Energieumsatz des Körpers für einen Zeitraum von etwa drei Stunden um rund 10 bis 20 % erhöht. Dafür verantwortlich ist nicht nur das Koffein, sondern auch das Vitamin Niacin, das ebenfalls im Kaffee enthalten ist.

Studien haben sogar ergeben, dass Sportler nach Genuss von koffeinhaltigem Kaffee bessere Leistungen erbrachten als bei koffeinfreiem Kaffee. Diese Wirkung ist sicherlich von der jeweiligen Disziplin und vorallem vom Individuum abhängig.

Koffein ist übrigens auch in Schwarztee, Matetee, Colagetränken, Kakao und Schmerztabletten enthalten.

Weitere positive Wirkungen von Kaffee

Die Magensaftproduktion wird angeregt, somit verbessert sich die Verdauung. In der Regel verengen sich zwar die Blutgefäße, wodurch der Blutdruck ansteigt, es gibt aber auch Regionen im Gehirn, wo sich Blutgefäße weiten. Beim Spannungskopfschmerz „Migräne" kann ein Tässchen Kaffee wahre Wunder bewirken. Des Weiteren erhöht sich das

Tempo unserer Gedanken, der Körper verbrennt Fett schneller zu Energie. Kaffee hebt die Stimmung und kann sogar bei leichteren Depressionen helfen.

Doch Vorsicht: Weiterhin wirkt Kaffee harntreibend, entzieht also dem Körper Wasser. Für jede Tasse Kaffee sollten Sie mindestens zwei Gläser Wasser trinken. Hierzu lesen Sie ausführlicher in unserem Kapitel über Wasser als Lebenselixier.

Eine Untersuchung der Universität Dundee in Schottland ergab, dass mäßige Kaffeetrinker seltener an Herzleiden erkranken. In den USA gibt es eine Studie, die besagt, dass bis zu drei Tassen am Tag vor Gallensteinen schützen und Kaffee auch Asthma-Anfällen vorbeugen kann.

Die Menge macht's!

Wir dürfen uns jedoch nichts vormachen: Regelmäßig und in höheren Mengen getrunken schadet Koffein dem Organismus wie jedes andere Genussmittel auch.

Frau Monika Erdmann, die Sprecherin der Deutschen Gesellschaft für Ernährung, bringt es auf den Nenner:

> „Kaffee ist ein Genussmittel und sollte nur in Maßen genossen werden."

Selbstverständlich gibt es eine Reihe von Menschen, die ihren Kaffeekonsum einschränken sollten. Das sind z.B. Menschen mit stark erhöhtem Blutdruck, hohen Cholesterinwerten, Herz- oder Kreislauferkrankungen. Auch Hypernervöse gehören dazu. Gewöhnlich treten die gesundheitlichen Probleme nur bei Personen auf, die täglich etwa acht oder mehr Tassen trinken, wobei es natürlich auch auf die Stärke ankommt.

Zu viel Koffein kann auch Sodbrennen und Reizungen des Magen-Darm-Trakts hervorrufen. In Kombination mit Nikotin ist Koffein für den Körper Dauerstress und puscht den Körper zu sehr auf. Nach kurzer Zeit lässt diese Wirkung allerdings nach und erzeugt den Bedarf nach mehr Kaffee und Nikotin, um das Stimmungshoch zu halten. Kaffee sollte nicht zum Dopingmittel werden.

Maßvoll getrunken ist der Muntermacher jedoch durchaus gesund und fördert die geistige Fitness! So bleibt uns hier nur die Empfehlung:

Probieren Sie es selbst aus, finden Sie die Sorte, die Ihnen am besten schmeckt, oder entdecken Sie die besondere Wirkung und das Geschmackserlebnis z.B. von Cappuccino, Milchkaffee, Espresso, Latte Maciato usw.

Bedenken Sie nochmals, dass Sie zu Ihrer Tasse Kaffee die doppelte Menge an Wasser trinken.

Besondere Muntermacher – Nahrungsergänzungsmittel

In den Seminaren begegnen mir die Teilnehmer in den letzten Jahren zunehmend mit allen möglichen Muntermachern. Diese sind nach meiner Einschätzung oftmals zu niedrig dosiert, nur eingeschränkt wirksam und meistens auch zu teuer. Dies hat mich bewogen, nach hoch wirksamen und ausgewählten Präparaten Ausschau zu halten, die ich Ihnen nachfolgend empfehlen möchte. Diese Mittel sind keine Ersatz für eine ausgewogene und vitalstoffreiche Ernährung. Sie sind lediglich als besondere Energielieferanten für zwischendurch oder während erhöhter Belastung empfehlenswert oder wenn auf natürlichem Wege die Versorgung nicht optimal gewährleistet ist. Die erwähnten Präparate stellen nur eine kleine Auswahl dar, was der Markt heute bietet. Bitte verschaffen Sie sich selbst einen Überblick.

Wenn Sie also wenig Zeit haben, viel unterwegs sind, Ihnen für Ihre Brain-Power nur das Beste gut genug ist, Sie aber keine Zeit haben, sich selbst das Passende zuzubereiten und auch kein gutes Restaurant finden, dann empfehle ich Ihnen z.B. **FOOD FOR THOUGTH.** Der Name sagt schon alles. „FOOD FOR THOUGHT“ ist von Wissenschaftlern und Medizinern entwickelt worden. Es ist speziell auf den Gehirnstoffwechsel abgestimmt und enthält z.B. Kräuter, die seit Jahrhunderten in China angewandt werden, plus spezielle Aminosäuren und Acetyl Carnitin (NAC), das den normalen Prozess des Nachrichtentransports im Gehirn unterstützt. Zusätzlich enthalten: eine Vielzahl an Kräutern, Gemüsen, Obst, Ginkgo biloba, Co-Enzym Q-10, Roter Ginseng, Aminosäuren und vieles mehr.

Ein weiteres, sehr wirksames Mittel ist **NEURONYL**. Es ist vollgepackt mit Nährstoffen, die Ihren Körper ausgewogen mit allen wichtigen Substanzen versorgen können, die Sie benötigen, wenn Ihr Verstand Höchstleistung bringen soll. Es enthält Calcium- und Magnesium-Butyrate zur Unterstützung der normalen Produktion der Gamma-Aminobuttersäure (GABA), die für die Übermittlung der Nervenimpulse zwischen den Gehirnzellen wichtig ist. Es enthält zudem Ginkgo biloba und Vitamin B6. Ihr Erinnerungsvermögen und die Fähigkeit, Dinge zu erkennen, Informationen abzulegen oder aufzurufen, kann wirkungsvoll unterstützt werden.

Mit **REAL NRG PLUS** erhalten Sie einen besonderen Muntermacher. Er wurde von dem Unternehmen Life Plus in den USA entwickelt. Diese Firma verfügt über 60 Jahre Erfahrung auf dem Sektor hoch wirksamer Nahrungsergänzungsmittel. Mit ausgewählten Aminosäuren – Phenylalanin, Taurin, Glycin und Tyrosin –, Johanniskraut, Bioflavonoiden, energieunterstützenden Vitaminen und 100 mg Koffein sowie 13 g Kohlenhydraten aus einfachen Monosacchariden erweist sich dieses Getränkepulver als schnelle Energiequelle. Dieses Präparat (und andere) sind nur für Direktbesteller erhältlich. Weitere Informationen erhalten Sie bei t.d. vital (Adresse im Anhang).

Tipps und Tricks, damit Sie schnell „gut drauf" sind!

- **Für Manager:** Tauchen Sie total ab, konzentrieren Sie sich hundertprozentig auf **eine** Tätigkeit. Dies gilt für Sport, Lernen, Arbeiten. So kommen Sie ins „Flow"-Feeling, aus dem Sie jede Menge Energie ziehen können.
  Mini-Schlaf für Maxi-Leistung: Schon ein kurzes Nickerchen von drei Minuten bringt verbrauchte Energie sofort zurück!
  Auch im Internet surfen kann fit machen. Holen Sie sich globale Power-Impulse, indem Sie mit Kollegen aus aller Welt kommunizieren. Auch ein Erfahrungsaustausch mit Ihrem Pendant in Japan kann anregend wirken. Das Internet bietet grenzenlose Möglichkeiten zum Aufladen der Batterien.
- **Für Sekretärinnen:** Beim Umgang mit Besuchern können Sie sich keine müden Gesichtszüge leisten. Gönnen Sie sich eine Feuchtigkeitsdusche mit Thermalwassersprays, die Meereswirkstoffe beinhalten. Das belebt im Nu, die Zellen können wieder atmen. Immer griffbereit auf dem Schreibtisch deponieren.
- **Für Kinder:** Schon unsere Kleinsten verbringen Stunden vor dem Computer, haben eine komplett verplante Freizeit mit unzähligen Aktivitäten, müssen oft familiäre Spannungen ertragen, stehen unter

Leistungsdruck in der Schule und sind somit schon im frühen Kindesalter vielen Stressfaktoren ausgesetzt. Kopfschmerzen sind hier keine Seltenheit. Hilft sofort: Statt Schmerzmittel zu verabreichen, lieber auf Pfefferminzöl umsteigen! Auf Stirn und Schläfen aufgetragen, macht es schnell den Kopf frei. Frische Luft und Bewegung wirken auch sehr schnell. Weiter Hinweise finden Sie auf Seite 59ff.

- **Beim Stimmungstief:** Der besondere Tipp für Frauen! Setzen Sie auf die Farbe Rot. Rot sorgt für Power! Schon ein roter Lippenstift oder ein roter Schal regt an, Sie fühlen sich attraktiver und selbstbewusster und haben blitzartig eine ganz andere Ausstrahlung.

  Nehmen Sie sich einmal 20 Sekunden Zeit und klatschen kräftig in Ihre Hände. Dies ist eine gute Form, eigene Leistungen anzuerkennen. Gleichzeitig entspannt sich Ihr Nervenssystem und Ihr Gehirn produziert Endorphine, die bekannten Freudehormone. Sie können die positive Wirkung auf Ihr Hormonsystem noch optimieren, wenn Sie dabei versuchen zu lächeln.
- **Zum Aufladen Ihrer inneren Batterie:** Lassen Sie Tagträume zu, bauen Sie Luftschlösser. Visualisieren Sie Ihre geheimsten Wünsche, das hilft den Nervenzellen, sich zu entspannen. Ihr Energiemotor wird wieder angekurbelt. Hören Sie dazu noch Ihre Lieblingsmusik und Sie werden erleben, wie Sie „abheben". Oder holen Sie sich einen Energieschub über heiße Rhythmen und tanzen Sie dazu, auch allein.
- **Powermusik:** Musik ist ein schneller Energielieferant. Heutzutage ist man ja sehr flexibel und kann überallhin seinen Walkman oder CD-Player mitnehmen. Es kann sehr hilfreich sein, Ihren momentanen Lieblingshit in der Aktentasche zu haben. Oftmals wirkt Musik wie eine positive Droge und liefert Energie im Handumdrehen. Beachten Sie jedoch, die Geschmäcker sind verchieden. Achten Sie also auf Ihre Mitmenschen und passen Sie die Lautstärke an die Gegebenheiten und auch an die Bedürfnisse Ihrer Umgebung an. (Siehe auch „Musik für Entspannung, Meditation udn Inspiration".)
- **Das Motto** „Jeden Tag eine gute Tat" wirkt positiv auf Ihre Power. Sie fühlen sich im Kleinen erfolgreich, indem Sie z.B. einer ratlosen Kollegin helfen, sich um Ihre ältere Nachbarin kümmern ... Seien Sie hilfsbereit und nützlich. Sie werden erleben, wie viel Anerkennung, Dankbarkeit und spürbare Energie zu Ihnen zurückfließt.
- **Auf lange Sicht:** Sprengen Sie mal wieder Ihre inneren Grenzen, verlassen Sie Ihre Komfortzone und wagen Sie auch mal was Verrücktes! Warum träumen Sie nur von einem Flug im Heißluftballon? Tun Sie es einfach! Machen Sie Ihren Traum wahr, eine Rucksacktour durch Nepal zu unternehmen!

- **Für die Fitness am Morgen:** Jeder weiß es, doch es kostet Überwindung: kalt duschen und den Wasserstrahl von unten nach oben über Beine, Arme, Vorder- und Rückseite fließen lassen.
- **Für das 11-Uhr-Tief:** Gönnen Sie sich als zweites Frühstück statt einem Schokoriegel lieber Obst und ein Jogurt und natürlich Wasser!
- **Für das Nachmittagstief:** Ein Gang über den Flur oder ins Freie, zwei Gläser Wasser, etwas Ab- und Umlenkung der Gedanken, Kniebeugen oder Liegestütze vor geöffnetem Fenster oder einige Übungen aus dem Bereich Kinesiologie. Jonglieren ist angesagt.
  Wussten Sie, dass Japaner nach dem Essen barfuß über Kieselsteine spazieren? Dabei werden die Reflexzonen massiert, die Organe aktiviert. Rollen Sie einfach barfuß über einen Noppenball, Sie spüren die Wirkung sofort.
  Ersetzen Sie Süßstoff oder normalen Zucker durch Traubenzucker im Kaffee oder Tee. Er geht sofort als Energie ins Blut.
  Oder essen Sie nachmittags als Zwischenmahlzeit eine reife Melone. Ihr Fruchtfleisch enthält schnell verwertbaren Fruchtzucker und besteht bis zu 95 % Wasser.
- **Für anhaltende Energie über den ganzen Tag:** Essen Sie lieber fünf kleine Mahlzeiten am Tag, als ein- oder zweimal groß zuzuschlagen. Damit heizen Sie Ihre Energieöfen optimal an, Ihr Körper braucht weniger Energie für die Verdauung, der Blutzuckerspiegel bleibt konstant. Ihre Leistungskurve hat somit steigende Tendenz.
- **Machen Sie eine Kur** (6 bis 8 Wochen) mit rotem Ginseng aus China. Die Kombination von Mineralien, Vitaminen und Aminosäuren bewirkt, dass Sie sich den ganzen Tag energiegeladen fühlen. Im Reformhaus können Sie Aktivpulver zum Mixen kaufen.
- **Hier eine kleine Übung:** Stützen Sie die Ellbogen auf, legen Sie die Fingerkuppen leicht gegeneinander, pressen Sie fünf Sekunden lang fest. Wiederholen Sie dies zweimal. Sie werden erleben, wie Sie damit Ihren Energiefluss aktivieren.
- **Gähnen** Sie mal wieder richtig. Dabei wird die Sauerstoffzufuhr zum Gehirn erhöht und die Konzentration verbessert. Es ist eine wirkungsvolle Methode zu entspannen.
- **Weil Fitness durch den Magen geht:** Mixen Sie Naturjogurt mit klein geschnittener Banane und kernigen Haferflocken, ein ideales Power Pack für zwischendurch. So erhält Ihr Körper Kalzium, Eisen und Magnesium in konzentrierter Form auf einmal.
- **Damit der Stoffwechsel angekurbelt wird:** Essen Sie „Ampel-Obst"! In roten, grünen und gelben Früchten sind wichtige Vitamine enthalten. Die natürlichen Duft-, Farb- und Geschmacksstoffe aktivieren den Stoffwechsel. Die sog. sekundären Pflanzenstoffe bremsen

freie Radikale aus und stärken das Immunsystem. Dies gilt auch für „Ampel-Gemüse".
- Auch ein Gläschen Sekt kann Wunder wirken.

Sind bei Ihnen Körper und Seele im Gleichgewicht?

Glückliche Menschen leben länger. Diese Weisheit ist Ihnen sicher bekannt. Bezeichnen Sie sich als glücklich?

Der Schlüssel zum Glücklichsein liegt darin, die Balance und Harmonie zwischen Körper, Seele und Geist zu finden. Das können Sie nur, wenn Sie alle Ihre Lebensbereiche pflegen und darauf achten, dass nicht ein Bereich ganz vernachlässigt wird oder ein anderer immer mehr an Bedeutung verliert.

Wo liegen bei Ihnen die Schwerpunkte?

- **Leistung, Erfolg und Arbeit**
  Sind Sie ehrlich, wie viel Prozent nimmt dieser Bereich in Ihrem Leben ein? Wir leben in einer Leistungsgesellschaft, heute beginnt das Streben nach Leistung schon im Kindergarten. Bereits im Vorschulalter erziehen Eltern ihre Kinder nach den Gesetzen der Leistungsgesellschaft. Der Computer z.B. wird schon in frühen Kindertagen zum ständigen Begleiter. In der Schule wird der Druck immer stärker, es folgen Studium oder Ausbildung, erste Schritte im Berufsleben. Bloß nicht stehen bleiben, Stillstand bedeutet Rückschritt, ohne Fleiß kein Preis! Ständig kämpfen wir um Anerkennung, müssen uns im Beruf mehr und mehr in einer Ellenbogengesellschaft durchsetzen. Das alles kostet Kraft und Energie, die uns nicht grenzenlos zur Verfügung steht. Natürlich brauchen wir unsere Arbeit und auch den Erfolg für unsere Zufriedenheit und Selbstachtung, aber denken Sie daran, auch Zeit in andere Lebensbereiche zu investieren, damit Sie Balance zwischen Leistung und Entspannung schaffen. Nur so erhöhen Sie Ihre Lebensqualität! Denken Sie auch an Ihren
- **Körper!**
  Wie steht es mit der Erholung, was tun Sie für Ihre Gesundheit, achten Sie auf gesunde Ernährung? Gönnen Sie Ihrem Körper genug Bewegung? Sport baut Stress ab, macht Sie resistent gegen Krankheiten, stärkt Ihr Immunsystem und sorgt für Ihre mentale Fitness! Es ist sehr wichtig, dass Sie Ihrem Körper viel Aufmerksamkeit schenken. Beobachten Sie, wie Ihr Körper auf Stress reagiert, gönnen Sie ihm

Zeit, wieder neue Reserven zu tanken. Zur Wertschätzung des eigenen Körpers gehört auch die Körperpflege. Ein entspannendes Bad mit wohltuenden Düften kann wahre Wunder bewirken! Eine gute Körperhaltung und ausreichend Schlaf fördern Ihre Körperzufriedenheit und somit Ihre Lebensqualität. Ihrem Auto gönnen Sie ja auch regelmäßig Pflege, indem Sie es reinigen, durchchecken lassen oder zum TÜV fahren.

Wenn Sie durch Dauerstress und ständige Anspannung Ihren Körper vernachlässigen, haben Krankheiten eine viel größere Chance. Gesundheit und Wohlbefinden sind wichtige Mosaiksteine, damit Sie sich Ihre Lebensfreude bewahren können. Wir verwenden heute in diesem Zusammenhang den Begriff „Wellness". Wir wohnen in Wellness-Hotels, buchen Wellness-Programme in Schönheitsfarmen, besuchen Wellness-Bäder. Das heißt nichts anderes, als dass sich körperliche und geistige Fitness ergänzen und sich dabei auch seelisches Wohlbefinden einstellt. Denn was haben Sie davon, wenn Sie Ihren Erfolg nicht mehr genießen können, weil Sie krank sind? Gesundheit ist zwar nicht alles, aber ohne Gesundheit ist alles nichts. So sagte schon Schopenhauer.

- **Soziale Kontakte**

  Freunde haben, persönliche Beziehungen pflegen, in einem sozialen Umfeld leben, das Sie bereichert, all das führt zu mehr Spaß im Leben. Dieser Mosaikstein hilft Ihnen, Kraft zu schöpfen. Menschen mit einem gesunden „social live" haben eine höhere Lebenserwartung. Denken Sie daran, wie wichtig es ist, jemanden zu haben, dem Sie Ihr Herz ausschütten können. Investieren Sie Zeit in Ihre Partnerschaft und in Ihre Familie! Ein ausgeglichenes Privatleben ist ein Garant für Erfolg und Wohlbefinden. Ein intaktes Familienleben und ein intakter Freundeskreis liefern starke Ressourcen, um berufliche oder finanzielle Talsolen durchzustehen.

> Ein Freund ist jemand, der die Melodie deines Herzens hört und sie dir vorsingt, wenn du sie vergessen hast.

- **Selbstverwirklichung**

  Der vierte Mosaikstein beinhaltet die Fragen nach Religion, Sinn des Lebens und Erfüllung Ihrer Zukunftswünsche. Dieser Bereich hält alle vier Bereiche im Gleichgewicht und sorgt für ein regelmäßiges Nachdenken über die Werte und Ziele in Ihrem Leben.

Bedenken Sie, dass jede Ausweitung eines Mosaiksteins die Beschränkung eines anderen bewirkt. Sorgen Sie dafür, dass alle vier Bereiche gleichermaßen gepflegt werden. So schaffen Sie einen gesunden Lebensstil. Das Geheimnis des Glücks liegt nicht in dem, was wir haben, sondern darin, wer wir sind. Wir schaffen selbst die besten Voraussetzungen zu einem glücklichen Leben.

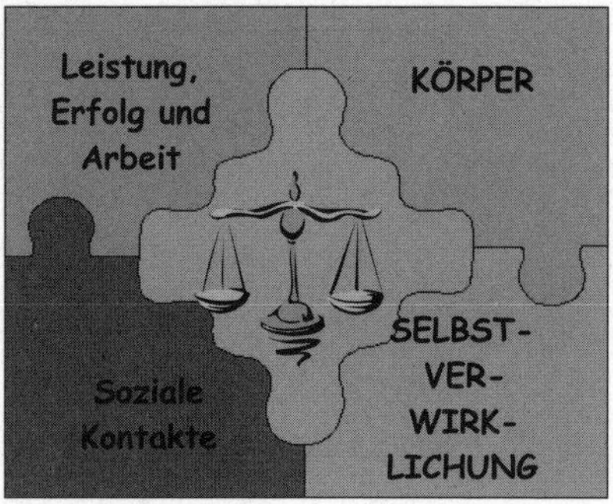

Stressmanagement

Über Stress wurde schon so vieles geschrieben. Wir möchten uns hier nur auf die wichtigsten Aussagen beschränken.

Es gibt zwei Arten von Stress:

Eustress (positiver Stress – fördernd)
Distress (negativer Stress – hemmend)

- **Eustress:** Sie hatten enormes Lampenfieber. Aber alles klappte hervorragend. Ihr Vortrag, vor dem Sie wochenlang gezittert haben, ist super angekommen, das Publikum war begeistert. Sie haben viel Beifall und Anerkennung geerntet und fühlen sich nach Ihrer Topleistung überglücklich.

  Wir fühlen uns zwar müde und ausgelaugt, aber zufrieden, wenn wir eine schwierige Aufgabe gut bewältigt haben. Durch Eustress erleben wir ein beflügelndes Gefühl, das uns neuen Tatendrang verleiht, wir glauben, wir könnten Bäume ausreißen.

- **Distress:** Sobald Sie meinen, die Kontrolle über die Situation zu verlieren, und Sie sich ständig ausgelaugt und kraftlos fühlen, keine Zeit mehr finden, Ihre Batterien aufzuladen, sollten Sie die Notbremse ziehen. Stellen Sie sich vor, Sie fahren über eine lange Zeit mit Ihrem Auto Vollgas, dann wird irgendwann der Motor qualmen und streiken. Ihr Körper reagiert genauso, denn bei Dauerstress wird unser Immunsystem geschwächt. Ihr Körper wird anfälliger für Krankheiten und wehrt sich gegen die ständige Überbelastung.

10 goldene Anti-Stress-Gebote:

- Wussten Sie, dass Stress ansteckend ist? Nach dem Grundsatz „Das Umfeld formt den Menschen" sollten Sie sich möglichst von hektischen und stressgeplagten Menschen fern halten, sonst kommen Sie viel schneller in die Stressspirale. Genießen Sie dagegen das Zusammensein mit den „Gelassenen". Das ist für Ihre Gesundheit ratsamer.
- Sind Sie in unangenehmen Situationen, versuchen Sie immer, der Situation etwas Positives abzugewinnen. Sie werden erstaunt sein, wie viel Positives Sie wahrnehmen. Wie sagte schon Einstein: „Inmitten von Schwierigkeiten liegen günstige Gelegenheiten."
- Machen Sie Ihrem Ärger Luft, fressen Sie nichts in sich hinein. Sie verschaffen sich so Erleichterung und steigern Ihr Selbstwertgefühl.
- Führen Sie ein Stresstagebuch. Tragen Sie dort einmal in der Woche alles ein, was Sie als besonders belastend empfunden haben. So erhalten Sie einen Überblick, was Ihnen zu viel ist, und Sie können gezielter bestimmte Situationen vermeiden. Wenn Sie Ihre Stresssituationen schwarz auf weiß sehen und jede Woche vergleichen, wird es Ihnen leichter fallen, Ihre eigene Anti-Stress-Strategie zu entwickeln.
- Pflegen Sie auch in stressigen Zeiten Ihre sozialen Kontakte und nutzen Sie diese als wertvolles Gut. Einzelkämpfer fühlen sich schneller überfordert als Menschen mit einem intakten sozialen Umfeld.
- Finden Sie Ihre persönlichen Ziele. Was ist Ihnen wirklich wichtig im Leben? Wo liegen Ihre Prioritäten? Wenn Sie Ihre Zeit sinnvoll pla-

nen, sollten Sie wissen, welche wesentlichen Lebensziele Sie ansteuern. Dann fällt es viel leichter, in bestimmten Situationen auch mal „Nein" zu sagen. Setzen Sie Ihre Energie nur für das ein, was Sie wirklich wollen.

- Betreiben Sie konsequentes Zeitmanagement. Sorgen Sie immer für ausreichende „Pufferzeiten", damit Sie sich nicht selbst unter Druck setzten. Planen Sie genügend Pausen ein und ruhen Sie sich aus, bevor Sie erschöpft sind.
- Versuchen Sie immer, sich selbst zu motivieren. Denn ohne Motivation gibt es keine Veränderung und keine guten Taten oder Ergebnisse. Vor allem nach Misserfolgen, die Ihnen Distress verursacht haben, sind Selbstmotivation und auch Fremdmotivation sehr wichtig.
- Denken Sie positiv und denken Sie immer daran: **Was der Mensch ausstrahlt, das zieht er an.** Wenn Sie also keine Gelassenheit ausstrahlen, sondern immer hektisch und gestresst wirken, werden Sie automatisch immer wieder neue Stresssituation anziehen.
- **Scheibchenweise kann man Elefanten essen!**
  Wenn die Arbeit kein Ende zu nehmen scheint und wie ein großer, unüberwindlicher Berg vor Ihnen liegt, zerlegen Sie Ihre Aufgaben in kleine Teilaufgaben, die Sie nacheinander abarbeiten. Eins nach dem anderen, nie alles auf einmal erledigen wollen!

So beginnen Sie einen neuen Tag stressfrei:

- Wenn Sie eine halbe Stunde früher als sonst aufstehen, gehen Sie viel besser gelaunt aus dem Haus.
- Bevor Sie zu schnell aufstehen, lassen Sie sich Zeit. Strecken Sie sich und räkeln Sie sich noch genussvoll im Bett. Positive Gedanken sollten Sie als Start in den neuen Tag begleiten. Gestern ist vorbei – das Heute hat gerade begonnen!
- Die erste Stunde des Tages sollten Sie ganz bewusst genießen. Nehmen Sie sich Zeit für Ihr Frühstück und denken Sie an Schönes.
- Bevor Sie das Haus verlassen, schauen Sie in den Spiegel und lachen Sie sich an! Sie werden sehen, welch positive Stimmung dieses Lachen in Ihnen und Ihrem Umfeld verursacht.

Können Sie entspannen?

Antworten Sie ehrlich und spontan!

A: Meine Hobbys haben große Priorität in meinem Leben und ich plane dafür genügend Zeit ein.

❒ Ja ❒ Nein

B: Ich möchte gerne alles unter Kontrolle haben und delegiere so gut wie nichts.

❒ Ja ❒ Nein

C: Ich kann nach der Arbeit nicht sofort abschalten und hänge noch lange mit meinen Gedanken am Tagesablauf.

❒ Ja ❒ Nein

D: Veränderungen bringen mich aus dem Gleichgewicht.

❒ Ja ❒ Nein

E: Ich habe großes Selbstvertrauen und weiß, dass ich jede Krise und ausweglose Situation meistern werde.

❒ Ja ❒ Nein

F: Ich verlange viel von mir und meinen Mitmenschen.

❒ Ja ❒ Nein

Auswertung:

Für ein Ja bei Frage C, B, F und D erhalten Sie jeweils einen Punkt. Ein Nein bei E und/oder A gibt ebenfalls einen Punkt.

Bis 2 Punkte: Stress kann Ihnen so schnell nichts anhaben. Sie denken positiv und können sich auf schwierige Situationen schnell einstellen. Sie wissen, wann Sie Ihrem Körper Entspannung gönnen sollten. Achten Sie stets darauf, dass Sie sich nicht zu viel zumuten. Vergessen Sie nicht, die Energiereserven ständig zu erneuern!

Bis 4 Punkte: Sie kennen zwar die Anti-Stress-Gebote, lassen sich aber leicht davon abbringen. Werden Sie konsequenter und gönnen Sie sich mehr Zeit für sich selbst. Lassen Sie zu, dass der Alltag auch mal Sendepause hat. Nur wenn Sie Ihre Batterien immer wieder aufladen, geht es mit neuer Power weiter.

Über 5 Punkte: Sie können nur schwer abschalten. Sie setzen zu hohe Erwartungen in sich selbst und gönnen sich kaum eine Pause. Sie haben es schon verlernt, mal nichts zu tun – ohne schlechtes Gewissen. Auf Dauer leiden Körper, Geist und Seele ganz gewaltig. Befreien Sie sich von lähmendem Perfektionismus und beginnen Sie, sich wenigstens kleine Pausen zu gönnen, die Sie zur Ruhe kommen lassen.

Beim Stressmanagement kann uns niemand helfen.
Es liegt nur in unserer Hand, gut für uns selbst zu sorgen.

Der Mensch ist, was er denkt

Haben Sie auch schon die Erfahrung gemacht, welche Macht Ihre Gedanken haben und wie sie Ihre Gesundheit beeinflussen können?

Viele Therapeuten sind mittlerweile davon überzeugt, dass 50 bis 70 % aller Erkrankungen psychische Ursachen haben. Eine wesentliche Rolle spielt die seelische Grundhaltung. Ein Beispiel: Selbstständige sind viel seltener krank als Angestellte. Das zeigt, dass die innere Einstellung zur Arbeit ein wichtiges Kriterium darstellt. Als ich früher noch in einem großen Unternehmen angestellt war, mit einer Tätigkeit, die mich nicht erfüllte und die weit entfernt von meiner eigentlichen Berufung lag, hatte ich garantiert zwei Mal im Jahr eine heftige Grippe, die mich für ein bis zwei Wochen lahm legte. Ebenso erfand ich immer wieder Krankheiten und Beschwerden, die mir ermöglichten, zwischendurch eine Aus- oder Erholungszeit zu bekommen. Seit ich selbstständig tätig bin und eigenverantwortlich lebe und arbeite, hat sich dies grundlegend geändert. Ich erkenne viel schneller, welche Auswirkung meine Erwartungen, meine Entscheidungen, meine Gedanken und Gefühle haben werden und kann so direkt Einfluss nehmen.

Die körperlichen Symptome können zwar durch Medikamente behandelt werden, wenn jedoch der seelische Anteil nicht therapiert wird, besteht das Problem weiter. Eine reine Symptombehandlung wird niemals die Ursachen von Krankheiten beheben können. Stellen Sie sich einmal vor, in Ihrem Auto leuchtet eine rote Lampe die Ihnen sagt, dass etwas mit dem Motor nicht stimmt. Sie fahren nun in eine Werkstatt und nach einer kurzen Inspektion sagt Ihnen der Werkstattleiter, dass das Problem behoben wurde. In der Rechnung, die Sie anschließend bekommen, wird lediglich folgende Position aufgeführt: Entfernen der roten Signalleuchte am Armaturenbrett – DM 30,00 zzgl. MWSt. So handeln wir zu oft und versuchen dabei, körperliche Signale zu überdecken oder auch unserer Intuition (Geist/Seele) nicht zu folgen.

Sicher haben Sie schon Situationen erlebt, die Ihnen buchstäblich „ans Herz" oder „an die Nieren" gingen. Haben Sie schon beobachtet, wie Ihr Körper auf seelischen Schmerz reagiert und plötzlich viel anfälliger für Krankheiten ist?

Wir sollten die Sprache und die Symptome unseres Körpers niemals ignorieren. Er zieht oft die Notbremse, um uns zu zeigen, dass wir etwas ändern müssen. Jede Krankheit ist gleichzeitig eine Chance, zur Ruhe und Besinnung zu kommen. Wir sollten die Zeit nutzten, um über die Ursachen nachzudenken, wozu in der Hektik des Alltags oft keine Zeit bleibt.

Wir können z.B. eine Krankheit als Lernerfahrung nutzen und beschließen, nicht im gleichen Trott weiterzuleben. Unser Körper braucht eine Auszeit, eine Zeit des Akzeptierens. In unserer heutigen Gesellschaft gilt es, cool zu sein. Das macht uns zu Robotern, die funktionieren. Viele von uns lassen keine Gefühle mehr zu. Doch jede Art von Kränkung oder Verdruss setzt sich in unserem Körper fest und schwächt so unsere Abwehrkräfte.

Ihr Körper sendet Signale

Beschäftigen wir uns einmal näher mit den Botschaften unseres Körpers. Krankheiten sind die Reaktion des Körpers auf schädigende Umwelteinflüsse, langjährige einseitige Belastungen und eben auch auf unsere persönlichen Lebenseinstellungen und Gedanken. Schon der Gesichtsausdruck eines Menschen spricht Bände. Sie kennen sicher Menschen, die man sofort umarmen möchte, weil sie Lebenslust und Freude ausstrahlen. Ebenso gibt es Menschen, die „verhärmt, verbissen" aussehen, was sich in der gesamten Physiognomie und den Gesichtszügen äußert. Mit den Jahren sehen wir einem Menschen an, ob er eine Frohnatur ist und seine ihm gestellten Aufgaben in die Hand nimmt oder ob er seine Lebensjahre durch Grübeln und negative Gedanken und Gefühle anreichert. Auch wenn sich im Alter unsere Haut in Falten wirft, können wir noch erkennen, welche Geisteshaltung sich hinter dem Antlitz eines Menschen verbirgt. Fellini, der italienische Starregisseur, sagte einmal: Gesichter sind die Lesebücher des Lebens. Natürlich wollen wir die Menschen nicht nach ihrem Äußeren bewerten oder danach, wie und wann sie ihre Probleme bewältigen. Jeder hat seine eigene Geschichte und seine eigene Zeit.

Lassen Sie uns die Signale des Körpers einmal etwas genauer betrachten:

- **Die Haut ist der Spiegel der Seele.** Teenager in der Pubertät sind oft von Hautproblemen betroffen. Diese verschwinden, sobald sie „ihren Weg" gefunden und das frühe Erwachsenenalter erreicht haben. Wir selbst kennen die Reaktion unserer Haut auf Stresssituationen: rote Flecken am Hals, Ränder unter den Augen, unreine Haut bei Dauerstress. Geht es uns besser, sehen wir „erholt" aus, Fältchen verschwinden, die Haut wird glatter.
- **Kopfschmerzen** entstehen ebenfalls bei Stress, Anspannung oder in Situationen, in denen wir unter Druck stehen. Der **Nacken** und die **Schultern** sind verspannt und schmerzen, wenn wir „verkrampft" und „verbohrt" mit Problemen hadern.
- **Rückenprobleme** entstehen oft durch eine kranke Psyche. Sicher haben auch Sie schon im Bekanntenkreis gehört, dass Menschen in Zeiten mit vielen Sorgen verstärkt unter Rückenproblemen leiden, diese dann im Urlaub ganz verschwunden sind oder sich gebessert haben, sobald die Situation sich positiv verändert hat.
- **Das Herz wird krank**, wenn wir uns Freude versagen und unser Leben nicht genießen können. Wir sind dafür verantwortlich, wie es unserem Herzen geht, es ist das Zentrum unserer Gefühle und der Liebe. Sicher kennen Sie warmherzige, kaltherzige, offenherzige oder gutherzige Menschen. Herzkranke Menschen sind oft freudlos und gönnen sich nichts, entwickeln so Verdruss und sogar Groll und Hass. Sie haben zu wenig Liebe für sich selbst entwickelt und sind oft abhängig von der Liebe Anderer. Oft halten sie ihre Gefühle zurück weil sie Angst davor haben, wirklich hinter die Gefühle zu spüren und sich mit ihrem wahren Wesenskern zu verbünden. So verhärten sich die Blutgefäße, es wird eng ums Herz, manche Menschen versteinern regelrecht oder entwickeln ein Herz aus Stahl. Vielleicht lesen Sie hierzu einmal das Märchenbuch „Der Eisenhans", woraus sie interessante Schlüsse ziehen können.
- „**Im Magen liegen**" uns oft unlösbare Probleme, Ärger und Angst. So entstehen Magengeschwüre. „Auf den Magen schlägt" uns alles, was wir nicht verdauen können. Vielleicht haben wir uns da und dort einfach zu viel zugemutet und ein zu schnelles Tempo vorgelegt. Wenn es auch bei Ihnen der Fall sein könnte, dann lesen Sie unbedingt unser Kapitel über die Langsamkeit. Sie können dort nützliche Schlüsse für sich selbst ziehen.

Diese Beispiele sollen genügen, um Ihnen zu zeigen, wie wichtig es ist, auf die Signale des Körpers zu achten. So können wir uns oft selbst heilen und neuen Beschwerden vorbeugen. Betrachten Sie Ihren Körper als guten Freund, der Ihnen zeigt, wenn es ihm nicht gut geht, und verbessern Sie so Ihre Lebensqualität! Lassen Sie sich durch die Signale ihres Körpers führen und lenken, bis Sie ein harmonisches Arrangement zwischen Denken, Fühlen und Handeln gefunden haben. Weiterführende Literatur zu diesen Themen finden Sie im Anhang.

Jetzt noch ein Wort zum positiven Denken

„Früher war alles besser, wir gehen schlimmen Zeiten entgegen" – diese und andere negative Parolen begegnen uns immer öfter. Wenn wir die Nachrichten anschauen oder die Zeitung lesen, erwarten uns nur Schreckensbotschaften. Wir dürfen aber nicht zulassen, dass diese Meldungen in unserem Leben eine zu große Bedeutung gewinnen.

Haben Sie schon einmal überlegt, dass die schönen Dinge des Lebens wie Liebe, Erfolg, Harmonie, Freude oder Lachen bestimmt die Hälfte unseres Lebens ausmachen? Warum sollen wir also der anderen Hälfte eine Chance geben, die Oberhand zu gewinnen? Es kommt nicht darauf an, was einem im Leben widerfährt, es kommt darauf an, wie man darauf reagiert. Glauben Sie, dass behinderte Menschen grundsätzlich unglücklicher sind als gesunde? Untersuchungen haben festgestellt, dass es mehr glückliche Menschen unter den Behinderten gibt als unter den Gesunden! Woran liegt das?

Die Welt um uns herum ist so, wie sie ist. Sie wird sich nur mit uns ändern. Also müssen wir unsere Einstellung und damit verbunden unser Tun ändern. Es gibt so viele Wunder, an denen wir unachtsam vorbeigehen. Menschen, für die nicht alles selbstverständlich ist, empfinden schon Freude, wenn sie nach vielen Regentagen einen schönen Sonnentag erleben oder wenn ihnen jemand ein Lächeln schenkt.

Es gibt Ehekrisen, finanzielle Krisen, Sinnkrisen und allerhand Ereignisse in und um uns herum. Es ist wichtig, hinzuschauen, das Beste daraus zu machen und zu lernen. Auch wenn sich dadurch Umwege im Leben ergeben sollten: Durch Umwege lernt man die Landschaft kennen. Bei schmerzlichen Verlusten ist es auch wichtig, zu trauern, um sich für die nächste Freude emfpindsam zu halten. Aus Erfahrungen lernen, neue Aufgaben freudig angehen und stets von Neuem die Segel setzen, darum geht es.

Wenn Sie in einer positiven Verfassung sind, werden Sie Ihre Lebensaufgaben bewältigen, anstatt wegzusehen oder zu flüchten.

Gerade wenn Sie in einer Situation sind, in der Ihnen positives Denken sehr schwer fällt, besinnen Sie sich, welche Abenteuer Sie schon erleben durften, erinnern Sie sich an romantische Stunden, an Ihre Freunde und Augenblicke, in denen Sie herzhaft gelacht haben, erfolgreich waren oder wertvolle Erfahrungen sammeln konnten. Denken Sie daran, wie oft das Leben es schon gut mit Ihnen gemeint hat. Für unser Wohlergehen sind wir selbst verantwortlich. Und vertrauen Sie auf Gottes Hand und auf ein paar gute und hilfsbereite Schutzengel, die Sie stets umgeben.

Ruhen lassen und gewinnen

Was an der Börse gilt, wird in der Landwirtschaft schon seit Jahrhunderten angewandt.

Damit Sie verstehen, was ich Ihnen damit sagen will, werfen wir erst einmal einen Blick auf den Börsenalltag eines flinken Anlegers:
Frühmorgens werden auf n-tv und anderen internationalen Fernseh- und Rundfunkkanälen die aktuellsten Nachrichten und Unternehmensdaten verfolgt und die Börsenkurse ferner Länder gesichtet, um dadurch einen möglichst umfassenden Blick auf die aktuellen Trends zu bekommen. Ganz nebenbei wird der Körper mit drei Tassen Kaffee und einem Croissant oder Weißmehlbrötchen auf Hochtouren gebracht, ohne ihm tatsächlich verwertbare Energie zuzuführen. Über den Tag hinweg werden über Internet, WAP-Handy, Tageszeitung und Fachzeitschriften unzählige Informationen gelesen, teilweise verarbeitet und unter der Rubrik „In drei Jahren die erste Million" im Hirnstüberl zwischengelagert. Dann wird mit Kollegen gefachsimpelt, gegrübelt, gelacht und gelitten, zwischendurch eine Nikotindusche verabreicht und mittags schnell ein Hamburger verdrückt. Für den Abtransport unnötiger Datenmengen sorgt die Abführpille oder der obligatorische Nervenbündel-Durchfall, der bereits zum All-

tagsereignis geworden ist. Na, haben Sie eine Vorstellung, wohin Sie dieser Lebensstil führen wird? Wird er Ihr Leben verlängern oder verkürzen? Wird er Sie auf Dauer geistig fit machen oder ermüden und zermürben? Die Antwort überlasse ich Ihnen.

Es mag viele Wege geben, die an der heutigen Börse und bei den schnelllebigen Märkten zum Erfolg führen. Mir persönlich wurde von einigen Börsen-Millionären berichtet, dass sie sorgfältig auswählen und ihr Depot dann ruhen lassen. Wenn das Risiko gestreut ist, kann das sicherlich eine gute Strategie sein. Eines ist sicher: Im ersten Fall können wir, wenn es gut läuft, zwar Millionär werden, die Frage ist jedoch, ob wir es dann selbst noch erleben oder genießen können, wenn es so weit ist, oder ob wir das verdiente Geld zur Linderung unserer Beschwerden wieder ausgeben müssen.

So sagt eine alte Bauernregel: Lass dein Feld nach der Ernte ein Jahr lang ruhen. Im Ackerbau erscheint uns natürlich logisch, dass der Boden sich erholen muss, wenn man ihn nicht mit Dünger und Chemie zu neuen Höchstleistungen zwingt.

> Du kannst noch so oft an der Olive zupfen,
> sie wird deshalb nicht früher reif.
>
> Toskanisches Sprichwort

Was können wir daraus lernen? Auch unser Gehirn kann nicht ständig Höchstleistungen erbringen. Es braucht Zeit, um das erworbene und erfahrene Wissen einzuordnen und zu verarbeiten – letztendlich auch, um es wieder loszulassen, damit wir im Geiste frei werden können für das Hier und Jetzt.

Wir brauchen wieder Zeit, um uns treiben zu lassen, um den Wolken zuzusehen, wie sie an uns vorbeiziehen. Wir brauchen Geduld, um das Gute wachsen und gedeihen zu lassen. Wir brauchen die Muße, um den erblühenden Frühling zu erleben, den Duft der jungen Blüten zu riechen oder eine Hummel auf ihrem Flug zu beobachten. Wir brauchen Vertrauen in die eigenen Fähigkeiten und ganz viel Mut, um loszulassen, was auch immer wir festhalten. Nicht nur die Aktienkurse, sondern auch unseren Arbeitsplatz, unseren Partner, unsere Kinder, unsere Pflichten, unsere Ängste und Nöte, unsere Hoffnungen und Sehnsüchte – und unsere Liebe, solange es keine wahre Liebe ist.

Wir sind wie die Ameisen, die sich abmühen und dabei sogar ein Mehrfaches ihres Körpergewichts tragen können. Ameisen bleiben nicht stehen, sind ständig unterwegs und haben immer den „Hausbau“ im Sinn. Sie leisten Überdurchschnittliches in kurzer Zeit, was eigentlich ja positiv zu bewerten ist. Wenn wir Menschen jedoch diese Lebens- und Arbeitsweise adaptieren, wird unser Weg gepflastert sein mit Überstunden und wenig Freizeit.

Erheben Sie sich und werden Sie zum Adler – behalten Sie den Überblick. Lassen Sie den Wind des Erfolgs durch Ihr Gefieder wehen und nehmen Sie die Chancen von morgen genau ins Visier. Lernen Sie Ihre Kraft zu bündeln und Ihr Ziel klar vor Augen zu sehen, damit Sie es erreichen.

Oft ermahnen uns Freunde: „Du brauchst Erholung für Leib und Seele, lass mal alles ein paar Tage ruhen.“ Wir wissen, dass sie recht haben, bekommen aber ein schlechtes Gewissen, wenn wir unser Tempo drosseln. Wir gönnen uns Luxus jeder Art: Reisen in ferne Länder, Gourmetrestaurants, schöne Kleider, schnelle Autos. Warum gönnen wir uns nicht den absoluten Luxus des Nichtstuns für gewisse Zeit?

Wir leben in der Generation der ständig Aktiven. Wir werden trainiert, ständig neue Ziele zu erreichen, unsere Zeit effizienter zu nutzen, um die Meilensteine zu unserem Ziel so schnell wie möglich abzuhaken. Doch wo bleibt die Rast auf diesem anstrengenden Weg?

Denken Sie immer daran: Wenn Sie langsamer fahren, kommen Sie zwar später an, Sie sehen aber viel mehr!

Wann gönnen Sie sich, einfach Zeit zu vertrödeln? Für die meisten von uns läuft sogar das „Trödeln“ nach Terminplan. Wann erlauben Sie sich, zu bummeln und mit Ihrer Zeit verschwenderischer umzugehen? Am Wochenende – nur nicht während der Woche – stimmt's? Das Leben ist ein Geschenk und jeder Tag zählt. Warum verschieben wir das Schöne aufs Wochenende oder auf den nächsten Urlaub? Lernen Sie, spontan dem Impuls nachzugeben, nichts zu tun, leben Sie nicht nach Fahrplan, denn der führt haarscharf am Leben vorbei. Sie werden es bald schaffen, sogar am Montag mit Ihrer Zeit großzügiger umzugehen! Sie können sich aus der Tretmühle retten, wenn Sie Ihr Bewusstsein überlisten.

Kennen Sie das herrliche Gefühl, mit offenen Augen zu träumen? Wie oft nehmen Sie sich die Zeit, sich auf Ihr „Inneres“ zu konzentrieren, Ihren Gedanken nachzuhängen, sich einfach treiben zu lassen und sich Ihren Fantasien hinzugeben?

Erinnern Sie sich noch an folgendes Lied, das viele von uns als Kinder gesungen haben:

> Die Gedanken sind frei,
> wer kann sie erraten?
> Sie fliegen vorbei
> wie nächtliche Schatten.
> Kein Mensch kann sie wissen,
> kein Jäger erschießen,
> es bleibet dabei – die Gedanken sind frei!

Schon in der Schule erfahren wir, dass „Träumen mit offenen Augen“ nicht angesagt ist. Wie schnell reißt uns der Lehrer aus unseren Gedanken, wenn wir nicht konzentriert dem Lehrstoff folgen, sondern gedankenverloren vor uns hin lächeln.

Kennen Sie folgende Situation? Sie hören ein Lied, das Sie an eine besonders schöne Situation in Ihrem Leben erinnert. Sie geben sich voll und ganz der Erinnerung hin und die schönen Gedanken zaubern ein Lächeln auf Ihre Lippen. Sie fangen an zu träumen und zu fantasieren, Sie sind alleine mit sich und Ihre Gedanken gehören nur Ihnen.

Wie oft nehmen wir uns die Zeit, alleine mit uns zu sein? Wir sind, was wir denken! Dieses wertvolle Gut, unsere Gedanken, die uns ganz alleine gehören, die uns keiner rauben kann, können uns in schöne Stimmungen versetzen, uns lächeln lassen, uns neue Kraft verleihen. Wir können diesen Zustand des „Brachliegens“ nutzen, um neue Energie zu tanken, um uns auf kommende Aufgaben vorzubereiten. Die besten Ideen entstehen im entspannten Zustand.

> Die größten Ereignisse, das sind nicht unsere lautesten,
> sondern unsere stillsten Stunden.
>
> Friedrich Nietzsche

In unserer heutigen Gesellschaft stehen „Tagträumer“ nicht hoch im Kurs. Schade, denn damit fehlt ein innerer Wert, den viele mit materiellen Schätzen zu ersetzen versuchen. Sogar in unserer Freizeit, was eigentlich „freie Zeit“ bedeutet, muss alles organisiert sein. Freizeitparks, Abenteuer- oder Sprachreisen, Clubs, in denen man von morgens bis abends animiert wird, verkörpern heute den Urlaub unserer Leistungsgesellschaft. Organisierte Freizeit ist uns wertvoller als unser „Brachliegen“. Die wenigen Tage im Jahr, die dazu dienen sollen, unsere innere Uhr wieder aufzuziehen, Energie zu tanken, werden wie unser Alltag vom Morgengrauen bis in den Abend verplant. Wo bleibt da die Beziehung zu uns selbst?

Unser „Brachliegen“ ist so wertvoll, weil

- es uns in Einklang mit uns selbst bringt,
- uns hilft, den „Samen der Ruhe“ zum Sprießen zu bringen,
- es zeigt, dass wir mit uns alleine sein können.

Es ist ein Loslassen unseres Verstandes, unserer rotierenden Gedanken, damit wir Unterstützung bekommen, aus dem Reichtum unseres Inneren.

Entschleunigen statt beschleunigen

Besinnen wir uns auf die Langsamkeit!

„Nicht die Großen fressen die Kleinen, sondern die Schnellen die Langsamen.“ Das ist ein Satz, der genau unseren Zeitgeist widerspiegelt! Wer hat heute noch Zeit? Alles muss immer schneller werden: Flugzeuge, Züge, Computer; ja sogar die Kinder, die schon früher als alle anderen lesen oder rechnen können, haben einen großen Vorsprung von Anfang an und lassen die Eltern vor Stolz strahlen.

Vor allem im Berufsleben und ganz speziell im Büro wird immer mehr in immer weniger Zeit erledigt. Denken Sie nur an E-Mails, die in Sekundenschnelle zusammen mit umfangreichen Dateien von einem Ende der Welt zum anderen geschickt werden. Die Antwort folgt sofort, weil jeder den ganzen Tag „online“ ist. Wer heute keine E-Mail-Adresse hat, ist out.

Jede Minute muss genutzt werden. Manager bearbeiten auf dem Flughafen zwischen zwei Flügen ihre E-Mails, anstatt zu relaxen oder einfach einmal die Augen zu schließen, um ein Nickerchen zu machen. Termine werden noch perfekter aufeinander abgestimmt, damit man Zeit gewinnt. Doch wie wird die gewonnene Zeit investiert? Ganz sicher nicht zum Ausruhen und Auftanken – nein, die Zeit wird wieder verplant, damit bloß keine Minute verplempert wird.

Zeit, um unsere Energiebatterien wieder aufzuladen, haben wir nicht, denn auch in der Freizeit nehmen wir uns keine Zeit für uns selbst, sondern hechten von einem Event zum nächsten. Es wird doch so viel geboten, warum soll ich nicht außer dem Sprachkurs noch den Aerobikkurs besuchen, die EDV-Kurse dürfen auch nicht zu kurz kommen. Jede Minute muss ausgefüllt sein, bloß nicht der Muße verfallen! Der Haushalt, die Kinder, wo bleibt noch Zeit für die Partnerschaft? Doch oft ist der Partner gar nicht böse, dass der andere keine Zeit hat, denn er ist selbst in der Beschleunigungsspirale gefangen und absolviert ebenfalls täglich sein Stressprogramm. Wie kommen wir heraus aus der Beschleunigungsspirale?

Wir müssen unbedingt lernen, uns von diesem Tempowahn zu lösen, der haarscharf am Leben vorbeiführt! Die gesundheitlichen Schäden werden uns jeden Tag bewusster: Psychische Störungen nehmen zu, Magengeschwüre, Kopf-, Nacken- und Rückenbeschwerden sind nur einige Folgen, mit denen wir täglich zu kämpfen haben. Wir sind ausgebrannt, „Burn-out" nennt man es in der Sprache von heute.

Fahre langsamer, dann siehst du mehr!

Sie werden Stress viel besser bewältigen, wenn Sie immer wieder viele kleine Pausen einlegen, **bevor** sie ermüden. So steigern Sie Ihre Leistungsfähigkeit und Ihre Arbeitsqualität verbessert sich. Versuchen Sie, sich täglich eine stille Stunde zu reservieren, in der Sie einfach nachdenken, träumen oder die Kunst des süßen Nichtstuns üben.

Da in dieser Zeit besonders die rechte Gehirnhälfte, die kreative Seite, angeregt wird, werden Sie feststellen, dass Sie in diesem Entspannungszustand oft die besten Ideen haben.

Hören Sie auf Ihre innere Stimme und machen Sie eine Pause, ohne ein schlechtes Gewissen zu haben. Wenn Sie wieder aufgetankt haben und Ihr Leistungshoch beginnt, erledigen Sie die anspruchsvollen Aufgaben. Sich unbedingt durchbeißen zu wollen ist falsch. Sie machen Fehler, sind unkonzentriert und quälen sich unnötig. Sorgen Sie für ein gesundes Gleichgewicht zwischen Anspannung und Entspannung!

Wenn auch bei Ihnen der Wunsch nach Veränderung geweckt wird, brauchen Sie mindestens 21 Tage Bewusstseins- und Veränderungsarbeit, um die neue Denkweise und hoffentlich auch Verhaltenskorrektur in Ihrem Leben zu integrieren. Sie sehen, auch hier müssen wir uns Zeit nehmen. Untersuchungen zeigen, dass sich nach 21 Tagen Veränderungsarbeit neue Grundmuster einstellen können und dass wir in dieser Zeit an Disziplin und Stärke gewinnen, um Neues nicht nur auf der Mentalebene, sondern in unserem täglichen Leben praktisch zu etablieren. Nutzen Sie also die Zeit.

Von Ehrgeiz und lähmendem Perfektionismus

Gesunder Ehrgeiz ist leistungsfördernd, krankhafter Ehrgeiz kann in Erfolgssucht ausarten: Immer und überall der Beste sein, nie Zufriedenheit verspüren, stets auf der Suche nach neuen Profilierungsbühnen. Die Sucht nach Erfolg beginnt, wenn das Leben nur noch vom Erfolgszwang bestimmt wird. Karrierestrategien werden entwickelt und jede Stufe der Karriereleiter muss immer schneller erklommen werden. Wenn Sie sich nicht mehr über Erreichtes freuen können, sondern in Gedanken schon beim nächsten Erfolgsprojekt sind, lässt Sie die Geschwindigkeitsfalle nicht mehr los!

Perfektionismus kostet viel Zeit und lähmt den Tatendrang. Warum muss alles bis aufs letzte i-Tüpfelchen perfekt sein? Dabei geht sehr viel Kreativität verloren und Sie verlieren das eigentliche Ziel vor lauter Detailgenauigkeit aus den Augen. Konzentrieren Sie sich auf das Wesentliche und liefern Sie qualitativ hochwertige Arbeit ab, aber lösen Sie sich von lähmendem Perfektionismus!

Bist du ganz oben angekommen, genieße erst einmal die Aussicht!

Der folgende Bericht stammt von David D. Burns. Er ist Direktor des Instituts für kognitive Therapie und Verhaltentherapie an der medizinischen Fakultät der Presbyterianischen Universität von Pennsylvania in Philadelphia.

Ich hatte mir vorgenommen, über das Thema Perfektion und die positiven und negativen Folgen ausführlicher zu schreiben. Da ist mir in den Tagen, als ich mit der letzten Überarbeitung des Manuskripts beschäftigt war, der Bericht von David D. Burns per E-mail zugesandt worden. Er befindet sich schon seit Jahren in einer Schublade bei Anne Feiner, die sich gleichfalls schon intensiv mit diesem Thema beschäftigt hat und die von sich selbst weiß, wie sehr man auf der einen Seite Leistungen ankurbeln kann, auf der anderen Seite natürlich auch Blockaden setzt.

Auf der perfektionistischen Suche nach der wahren Quelle des Artikels musste ich dann leider aufgeben und habe mich entschlossen, ihn dennoch in diesem Buch zu verwenden. Der Autor und Copyright-Inhaber wird es mir hoffentlich verzeihen. Nun aber zum Text ...

Erfolg zählt, nicht Perfektion (von David D. Burns)

Im Rahmen einer Untersuchung über Leistungsfähigkeit und seelische Gesundheit habe ich kürzlich einer Gruppe von 150 Handelsvertretern mit einem Durchschnittsjahreseinkommen zwischen 10 000 und 150 000 Dollar eine Reihe von Fragen gestellt. Rund 40 % von ihnen entpuppten sich als Perfektionisten. Wie zu erwarten, fühlten sie sich mehr gestresst als ihre weniger perfektionistischen Kollegen. Aber waren sie auch erfolgreicher? Erstaunlicherweise nicht. Die Perfektionisten litten eindeutig mehr unter Ängsten und Depressionen, doch es fand sich nicht der kleinste Hinweis darauf, dass sie dafür auch mehr Geld verdienten. Vielmehr können die Enttäuschungen und Zwänge, mit denen der Perfektionist sich oft herumplagen muss, seine Kreativität und Leistungsfähigkeit sogar herabsetzen.

Was versteht man unter Perfektionismus? Nicht der gesunde Ehrgeiz von Leuten ist gemeint, denen es Freude macht, hohen Ansprüchen zu genügen, sondern das krankhafte Streben nach unerreichbaren Zielen. Perfektionisten beziehen ihr Selbstwertgefühl ausschließlich aus ihren Leistungen. Schon der Gedanke an ein Versagen versetzt sie in Angst und Schrecken. Sie stehen ständig unter Erfolgszwang, finden aber dennoch keine Befriedigung in ihrer Arbeit.

Ein chronisch depressiver Geschichtsprofessor sagte vor kurzem zu mir: „Ohne meinen Perfektionismus wäre ich nur Durchschnitt. Und wer will schon durchschnittlich sein?“ Für diesen Mann ist sein Perfektionismus der schmerzliche Preis, den er für den Erfolg zahlen muss. Er glaubt, seine hohen Ansprüche an sich selbt trieben ihn zu Leistungen, die er sonst nicht erreichen würde. Dabei lähmt ihn in Wahrheit die Angst vor dem Versagen derart, dass seine Leistungen weit hinter denen seiner Kollegen herhinken.

Die Annahme, ein Perfektionist könne trotz, nicht wegen, seiner hohen Maßstäbe erfolgreich sein, wird von den meisten Betroffenen zunächst als unrealistisch verworfen. Doch es ist erwiesen, dass zwanghafter Perfektionismus nicht nur ungesund ist und Depressionen, Angst und andere psychische Störungen hervorruft, sondern sich auch auf Arbeitsfähigkeit, zwischenmenschliche Beziehungen und Selbstachtung schädlich auswirkt.

Fragen wir uns, warum Perfektionisten so anfällig für Gemütsstörungen und Leistungsschwankungen sind. Ein Grund ist ihre verzerrte, unrealistische Vorstellung vom Leben.

Am verbreitetsten ist dabei das Alles-oder-nichts-Denken – der Einser-Student gerät durch eine Zwei in einer Examensarbeit völlig aus der Fassung, denn sie kommt für ihn einem Versagen gleich. Perfektionisten haben Angst vor Fehlern und nehmen sie sich übermäßig zu Herzen.

Ebenfalls sehr verbreitet ist die fixe Idee, ein negatives Ergebnis werde sich endlos wiederholen. („Das schaffe ich nie!") Statt darüber nachzudenken, was er aus seinen Fehlern lernen kann, hadert der Perfektionist mit sich: „So viele Fehler hätte ich nicht machen dürfen. Das darf mir nicht noch einmal passieren!" Dieses „Darf-nicht" erzeugt Frustrationen und Schuldgefühle und gerade die führen dazu, dass er die Fehler wiederholt. Er wird Opfer des „Heiliger-oder-Sünder-Syndroms", wie Professor Michael Mahoney von der Staatsuniversität von Pensylvania das nennt.

Dem Syndrom liegt Folgendes zugrunde: Der Perfektionist will zum Beispiel eine Schlankheitskur machen und redet sich ein, dass es nur ein Einhalten oder ein Nichteinhalten der Diät gibt, was für ihn beides klar definiert ist. Solange er seine Diät einhält, ist er voller Euphorie und fühlt sich als „Heiliger". Weicht er aber nur einmal von der Vorschrift ab, dann ist es mit der „perfekten" Diät vorbei und er wird zum „Sünder". Nachdem er sich etwa ein Löffelchen Eis genehmigt hat, verspeist er aus Ärger über sein „Versagen" gleich die ganze Familienpackung.

Viele Perfektionisten leiden offenbar unter Vereinsamung und gestörten zwischenmenschlichen Beziehungen. Sie haben Angst, für unvollkommen befunden und abgelehnt zu werden. Deshalb gehen sie bei Kritik gern in die Definsive, sind aber ihrerseits sehr kristisch gegenüber ihren Mitmenschen. Das ärgert und vergrault die anderen und trägt dem Perfektionisten genau die Ablehnung ein, die er so fürchtet.

Wenn ich jemandem aus diesen Denkgewohnheiten heraushelfen will, fordere ich ihn als Erstes auf, die Vor- und Nachteile seines zwanghaften Strebens aufzuzählen. Eine Jurastudentin, die mich aufsuchte, konnte mir nur einen einzigen Vorteil nennen: „Manchmal kommt dabei richtig gute Arbeit heraus."

Dann zählte sie sechs Nachteile ihres Perfektionismus auf: „Erstens macht er mich so angespannt und nervös, dass ich manchmal nicht einmal ausreichende Leistungen zustande bringe. Zweistens fehlt mir oft die für kreative Arbeit nötige Bereitschaft, auch Fehler in Kauf zu nehmen. Drittens hält er mich davon ab, Neues auszuprobieren. Viertens macht er mich selbstkritisch und verdirbt mir alle Freude am Leben. Fünftens kann ich nie entspannen, weil ich immer wieder etwas finde, das nicht perfekt ist. Sechstens macht er mich intolerant gegen andere und man hält mich für eine Nörglerin." Aus dieser Kosten-Nutzen-Analyse schloss sie, dass das Leben ohne Perfektionismus viel befriedigender und produktiver sein könne.

Hilfreich ist auch schon, eine „gute" und nicht unbedingt „beste" Leistung anzustreben. Die meisten Perfektionisten weisen ein solches Ansinnen empört zurück. Dann versuche ich zu erklären, dass man auf jedem Gebiet naturgemäß nur einmal im Leben das „beste Resultat" erreichen kann und dass ein immer währendes Streben danach den Misserfolg praktisch garantiert.

Wer sich sich dagegen realistische Ziele setzt, ist oft ruhiger und zuversichtlicher und dadurch kreativer und produktiver. Ich rede hier nicht dem Schlendrian das Wort, aber vielleicht stellen Sie fest, dass Ihnen gerade dann die besten Arbeiten gelingen, wenn Sie sich ein gutes, solides Ergebnis vornehmen, statt sich mit dem Streben nach einer herausragenden Leistung unter Stress zu setzen.

Diese Strategie hat mir sehr geholfen, als ich für erziehungswissenschaftliche Zeitungen schrieb und nie einen Anfang fand. Jedes Mal, wenn ich mich hinsetze, um einen Entwurf zu Papier zu bringen, sagte ich mir: „Das muss etwas Besonderes werden." Dann verzweifelte ich regelmäßig über dem ersten Satz und gab zuletzt entmutigt auf. Als ich mir aber sagte: „Ich mache nur mal ein paar Stichworte", legte sich mein Widerstand gegen das Schreiben und ich brachte erheblich mehr zustande. Außerdem schrieb ich sogar besser, wenn ich mich nicht so sehr bemühte, anderen zu imponieren.

Ein Perfektionist hat zweifellos die Gabe, nur seine Unzulänglichkeiten zu sehen. Sein Leben lang registiert er all seine Fehler und Schwächen. Doch die selbstquälerische Neigung lässt sich mit einem simplen Trick ins Gegenteil verkehren: Man notiert täglich alles, was man richtig macht, und zählt seine Punkte. Vielleicht klingt das so simpel, dass Sie meinen, es könne Ihnen bestimmt nicht helfen. Aber probieren Sie es einmal zwei Wochen lang. Sie werden bald verstärkt das Positive sehen und sich wohler fühlen.

Sie sollten sich auch klar machen, wie absurd das Alles-oder-nichts-Denken ist. Schauen Sie sich doch mal um und überlegen Sie, wie viele Dinge man unter dem Aspekt „Alles oder nichts“ betrachten kann. Sind die Wände vollkommen sauber? Oder doch ein bisschen schmutzig? Ist Ihre Lieblingsschauspielerin wirklich eine vollkommene Schönheit? Kennen Sie jemanden, der wirklich immer vollkommen ruhig und zuversichtlich ist? An allem lässt sich etwas verbessern, wenn man es nur kritisch genug betrachtet – an jedem Menschen, jeder Idee, jedem Kunstwerk, jeder Erfahrung. Lernen Sie also das Alles-oder-nichts-Denken als das zu erkennen, was es ist: ein sich selbst vereitelndes Unterfangen, das von jeder Realität weit entfernt ist.

Vielleicht fragen Sie sich auch einmal: „ Was kann ich aus meinen Fehlern lernen?“ Machen Sie ein Experiment. Nehmen Sie sich irgendeinen Fehler vor, den Sie irgendwann gemacht haben, und schreiben Sie auf, was Sie alles daraus gelernt haben. Lassen Sie sich nie Ihr Recht auf Fehler nehmen, sonst geht Ihnen die Fähigkeit verloren, Neues zu lernen und im Leben voranzukommen.

Denken Sie daran, dass hinter Perfektionismus immer Angst lauert. Der Versuch, perfekt zu sein, verschafft Ihnen immerhin einen Vorteil: Er bewahrt Sie davor, Kritik, Versagen oder Missbilligung zu riskieren. Aber er bringt Sie zugleich um jede Weiterentwicklung, um Abenteuer, um die Möglichkeit, Ihr Leben voll zu leben. Sich seinen Ängsten zu stellen und sich das Recht auf Menschsein zuzugestehen kann Sie, so paradox es klingen mag, zu einem glücklicheren und produktiveren Menschen machen.

Wow, das sind kraftvolle Aussagen und tolle Ansichten. Für manchen sicherlich neu, aber auf jeden Fall reizvoll, sie im Alltag auszuprobieren. Ich habe dem nichts mehr hinzuzufügen.

Alles hat seine Zeit!

Ein weiterer Grund, ständig durchs Leben zu hetzen, ist der Gedanke, dass das eigentliche Leben erst „morgen“ beginnt. „Ich powere noch 10 Jahre, dann genieße ich mein Leben.“ Kommen Ihnen solche Sätze bekannt vor? Keiner weiß, was morgen ist. Das Leben findet heute, Hier und Jetzt statt.

Gehören Sie zu den Menschen, die sich ständig unter Leistungsdruck setzen, damit sie im Alter „etwas haben"? Was haben Sie gewonnen, wenn Sie mit 50 aus dem aktiven Berufsleben ausscheiden, sich aber bis dahin verausgabt haben?

Gestern traf ich beim morgendlichen Jogging einen Mann, der mit seinem Hund spazieren ging. Wir liefen ein Stück zusammen und ich hörte mir seine Geschichte an. Er berichtete, dass er sein Leben lang gerackert hat – unter der Woche Schichtarbeit, am Wochenende „Schaffe, schaffe, Häusle baue" – und dass er jetzt aufgrund seines ruinierten Körpers in Frührente ist. Schmerzen plagen ihn schon seit Jahren. Was ihn jedoch am meisten ärgere, das seien seine Kinder, die schon lange auf das von ihm erarbeitete Geld warten, um sich damit ein schöneres Leben zu gestalten.

In unserer Gesellschaft ist es Jahrzehnte lang verpönt gewesen, an sich zu denken. Aber wie wollen Sie denn an andere denken oder sich für das Wohl anderer einsetzen, wenn Sie sich selbst zu Grunde richten.

An dieser Stelle die Aussage einer 80-Jährigen, die auf ihr Leben zurückblickt und Erstaunliches feststellt:

> Wenn ich mein Leben noch einmal leben dürfte, würde ich viel mehr Fehler machen.
>
> Ich würde entspannen.
> Ich würde viel verrückter sein als in diesem Leben.
> Ich wüsste nur wenige Dinge, die ich wirklich sehr ernst nehmen würde.
> Ich würde mehr Risiko eingehen.
> Ich würde mehr reisen.
> Ich würde mehr Berge besteigen, mehr Flüsse durchschwimmen.
> Und mehr Sonnenuntergänge betrachten.
> Ich würde mehr Eis und weniger Salat essen.
> Ich hätte mehr echte Probleme und weniger eingebildete.
>
> Sehen Sie, ich bin einer dieser Menschen,
> die immer vorausschauend und vernünftig leben,
> Stunde um Stunde, Tag für Tag.
>
> O ja, es gab schöne Momente,
> und wenn ich noch einmal leben dürfte, hätte ich mehr davon.

Ich würde eigentlich nur noch welche haben.
Nur schöne, einen nach dem anderen.

Wenn ich mein Leben noch einmal leben dürfte,
würde ich bei den ersten Frühlingsstrahlen barfuß gehen
und vor dem Spätherbst nicht damit aufhören.
Ich würde vieles einfach schwänzen.
Ich würde mehr Achterbahn fahren.
Ich würde öfter in der Sonne liegen."

(Quelle: Harley-Davidson, manager magazin 6/98)

Werden Sie bei dieser Geschichte nicht auch nachdenklich? Schreiben Sie einmal auf, wie Sie Ihr Leben leben würden, wenn Sie noch einmal von vorne anfangen könnten!

Keiner gibt Ihnen Ihre „besten Jahre" wieder, in denen Sie nie Zeit hatten für Ihre Kinder, Partnerschaft, Freunde. Sie verschenken die Gegenwart und wissen nicht, was die Zukunft bringt.

Es gibt viele Gründe, die Ihre Träume, „es bald geschafft zu haben", platzen lassen. Vielleicht schaffen Sie es wirklich, mit 50 zu entschleunigen, doch für welchen Preis? Meistens bleibt die Gesundheit auf der Strecke. Was tun Sie, wenn Ihre Partnerschaft in die Brüche geht, weil Sie nie Zeit hatten? Dann haben Sie „es geschafft", sind aber allein. Vielleicht existiert Ihre Firma bis dahin gar nicht mehr und Ihre finanziellen Pläne gehen nicht auf. Ihre Kinder sind groß, gehen ihre eigenen Wege und Sie haben es verpasst, sie aufwachsen zu sehen. Ist das die ständige Hetzjagd nach Erfolg, finanziellem Reichtum und Anerkennung wert?

Mit 50 werden Sie niemals das nachholen können, was Sie mit 35 versäumt haben!

Was hat die Wirtschaft davon, wenn die über Jahrzehnte gereiften Führungskräfte und Top-Manager, in der Blüte ihres Lebens, also dann, wenn sie Erarbeitetes genießen und sich im Familienverbund erholen könnten, einfach sterben?

Teile dein Wissen, so erlangst du Unsterblichkeit. (Dalai Lama)

Nichts haben wir davon, außer dass ein Platz für weitere nach oben strebende Erfolgshaie und Zeiträuber frei wird. Es ist doch schade, dass die Menschen dann von uns gehen, wenn sie uns die Weisheit und Lebenserfahrung schenken könnten. Wir würden heute schon anders dastehen, wenn wir aus diesen Potenzialen schöpfen könnten.

Wir appellieren deshalb an Sie: Tragen Sie Verantwortung für Ihre Gesundheit, Ihr Leben, und geben Sie im Alter das, was Sie selbst bekommen und erarbeitet haben, an die jüngere Generation weiter. Wir wollen jedoch keinen erhobenen Zeigefinger, sondern schenken Sie Ihr Wissen und Ihre Erfahrungen, damit sie von den nachfolgenden Generationen überprüft und integriert werden können.

Entwerfen Sie Ihren eigenen Plan zur Entschleunigung in Ihrem Leben und entdecken Sie die Langsamkeit:

1. Was werde ich **kurzfristig** tun, um der Beschleunigungsfalle zu entkommen (in den nächsten Wochen)?
2. Welche Prioritäten setze ich **mittelfristig** in meinem Leben, damit ich nicht ständig auf der Hetzjagd bin (in den nächsten Monaten)?
3. Welche Lebensziele will ich **langfristig** erreichen und welchen Preis bin ich bereit, dafür zu zahlen (in den nächsten 5 bis 10 Jahren)?

Nimm dir Zeit, um zu arbeiten,
es ist der Preis des Erfolges.

Nimm dir Zeit, um nachzudenken,
es ist die Quelle der Kraft.

Nimm dir Zeit, um zu spielen,
es ist das Geheimnis der Jugend.

Nimm dir Zeit, um zu lesen,
es ist die Grundlage des Wissens.

Nimm dir Zeit, um freundlich zu sein,
es ist das Tor zum Glücklichsein.

Nimm dir Zeit, um zu träumen,
es ist der Weg zu den Sternen.

Nimm dir Zeit, um zu lieben,
es ist die wahre Lebensfreude.

Nimm dir Zeit, um froh zu sein,
es ist die Musik der Seele.

Nimm dir Zeit, um zu genießen,
es ist die Belohnung deines Tuns.

Nimm dir Zeit, um zu planen,
dann hast du Zeit für die übrigen neun Dinge.

Irisches Gedicht

Auch Sie, lieber Leser, könnten sich jetzt dafür entscheiden, in den nächsten Tagen wieder mal richtig auszuspannen. Stellen Sie sich einmal die Frage, was Ihnen Freude machen könnte, ohne dass es dabei um Leistung und besondere Ziele geht. Wen würden Sie gerne mitnehmen? Wo wäre der ideale Platz für Sie?

Geistig fit mit Kinesiologie

Eine weitere wertvolle Möglichkeit, geistige Fitness zu erreichen oder zu erhalten, sind die Methoden der angewandten Kinesiologie. Die Kinesiologie ist eine Therapieform, die ihren Ursprung in der Chiropraktik hat. George Goodheard, ein amerikanischer Chiropraktiker, stellte Zusammenhänge zwischen bestimmten Muskeln, Organen und Akupunktur-Meridianen fest. Gelang es ihm, einen Meridian durch Akupunktur zu stärken, konnte er beobachten, dass auch der zugeordnete Muskel seine Funktion wieder besser ausführte. Durch die Behandlung bestimmter Reflexzonen wurden auch Probleme an inneren Organen geringer. Aus diesen Erkenntnissen entstand die Methode „Touch for Health", mit deren Hilfe eine Balance der Körperenergien erreicht wird. Die Methoden sind einfache Akupressur und Massagetechniken. Aus Touch for Health entwickelten sich bald verschiedene Themenbereiche wie die Edu-Kinesiologie für die geistige Fitness, die Health-Kinesiologie im gesundheitlichen und die Psycho-Kinesiologie im emotionalen Bereich. Physiotherapeuten und Ärzte gründeten die „Applied Kinesiology" als Diagnose- und Therapiekonzept für medizinische Berufe.

Das „Instrument" der angewandten Kinesiologie ist der Muskeltest. Hierbei macht man sich die Stressreaktion des Körpers zunutze. Wir wissen, dass der Organismus durch Hormone wie Adrenalin Körperfunktionen an Gefahrensituationen anpasst. Der Blutdruck steigt, der Blutzucker steigt, das Herz schlägt schneller und Muskeln spannen sich an oder werden schwach, wenn der Stress zu stark wird. Beim Muskeltest finden wir Stresssignale des Körper, soweit vorhanden. Doch Stress ist nicht die Sache an sich, sondern nur das, wie wir darauf reagieren. So kann ein bestimmtes Nahrungsmittel oder ein Medikament für einen Menschen schädlich sein, während es für einen anderen nützlich ist. Eine bestimmte Arbeit kann für einen Spaß oder Herausforderung, für den anderen eine Qual sein. Auch jede Veränderung der natürlichen Struktur wie zum Beispiel ein verschobener Wirbel und die damit einhergehende Bewegungseinschränkung bedeutet eine Veränderung der Gewebespannung, also einen lokalen Stress.

In einer kinesiologischen Sitzung wird ein Muskel als sog. Indikator getestet. Der Arm beispielsweise wird schwach, wenn die Person an eine unangenehme Situation wie eine Prüfung oder ein Vorstellungsgespräch denkt. Ebenso reagiert der Muskel mit Blockade oder Schwäche, wenn die getestete Person ein Nahrungsmittel im Mund hat, das sie nicht verträgt. Darüber hinaus werden bis zu 40 Muskeln getestet, die jeweils einem Meridian oder Organ zugeordnet sind. Das Ergebnis dieser Tests gibt Hinweise auf die Ursache des entsprechenden Problems.

Die Kinesiologie betrachtet den Menschen als eine Einheit von Körper und Energie, Psyche und Biochemie. Diese drei Ebenen werden als die drei gleich langen Seiten eines Dreiecks gesehen, der „Triade of Health“, Dreieck der Gesundheit. Eine Störung in einer Seite des Dreiecks wirkt sich immer auch auf die anderen Bereiche aus. Schmerzen im Rücken können durch Sorgen, durch Überlastung, aber auch durch Stoffwechselprobleme hervorgerufen werden. Durch falsche Ernährung (Stoffwechsel, Biochemie) entstehen Ablagerungen in Blutgefäßen und Gelenken und führen zu Schmerzen (Körper). Durch ständige Schmerzen wird sich die Stimmung ändern (Psyche).

Die Kinesiologie sucht die Ursachen und Lösungsmöglichkeiten für jedes Problem in allen drei Bereichen.

Auch wenn es in diesem Buch vorrangig um geistige Fitness geht, können alle drei Seiten betroffen sein.

Emotionale Blockaden können ebenso die Ursache für eine verminderte geistige Kapazität sein wie Störungen im Stoffwechsel, hormonelle Störungen, Vitamin- oder Mineralstoffmangel, Allergien oder energetische Blockaden im Meridian-System.

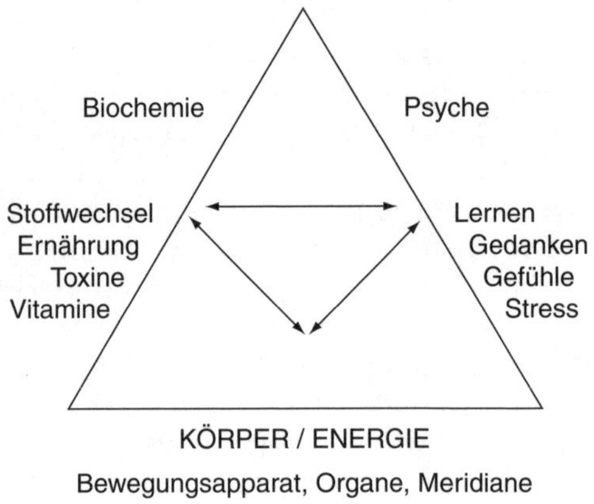

Gemeinsam mit Brigitte Bäcker vom Institut für angewandte Kinesiologie und Naturheilkunde Meersburg haben wir eine Auswahl von Übungen zusammengestellt, die uns auf einfache Weise körperlich und geistig in Harmonie bringen können. Jede Seite der Triade of Health soll dabei angesprochen werden.

Denken, lernen und fit sein mit Edu-Kinesiologie

Eine wichtige Säule der Kinesiologie ist die Edu-Kinesiologie. Hier geht es um die Verbesserung der Lernfähigkeit durch die Integration der beiden Hirnhälften, d.h. um die Verbindung von rechter und linker Hirnhälfte.

Die Edu-Kinesiologie wurde von Dr. Paul E. Dennison, einem Pädagogen, entwickelt. Dennison erfand ein Übungsprogramm, die sog. Brain-Gym-Übungen, die Lern-und Energieblockaden lösen und das Lernen erleichtern. Bewegung ist eine unerlässliche Voraussetzung für Lernen, Konzentration und Gedächtnis. Die Brain-Gym-Übungen sind schon aus diesem Grund sehr sinnvoll und wirken sich bei allen Lernstörungen positiv aus. In vielen Kindergärten und Schulen werden Brain-Gym-Übungen gezielt zur Vorbereitung auf den Unterricht und Prüfungen eingesetzt.

Es wäre zu begrüßen, wenn diese und ähnliche Übungen zur Steigerung der geistigen Fitness auch in sämtlichen Unternehmen bis hin in die Chefetagen Einzug finden würden. Probieren auch Sie diese Übungen aus und berichten Sie über Ihre Erfahrungen, damit möglichst viele Menschen in den Genuss der positiven Wirkungen kommen. Scheuen Sie sich nicht, auch am Arbeitsplatz zu üben, letztendlich sind Sie dadurch fitter, fröhlicher und leistungsfähiger.

Die beiden Teile des Gehirns sind, wie bereits erwähnt, durch ein Bündel von Nervenfasern, Corpus callosum, miteinander verbunden. Über diese Verbindung ist der Zugang zu beiden Hemisphären möglich. Zum Lernen von Neuem benötigen wir beide Hirnhälften. Stellen Sie sich vor, Sie lernen tanzen. Je nachdem wie Sie an die Sache herangehen, ob Sie nun eher zusehen und nachmachen oder ob sie erst einmal ein Buch darüber lesen, analysieren und rätseln, beschäftigen Sie anfangs eine bestimmte Hemisphäre. Wenn Sie viel Erfahrung gesammelt und sich dann in der unbewussten Kompetenz befinden, tanzen Sie mit dem ganzen Gehirn. Alle Neuronen tanzen mit und haben Freude an der Ausführung des Neuen. Aufgrund heutiger Erkenntnisse empfehlen wir Ihnen, beim Erlernen des Tanzens über das Auge zu lernen. Schauen Sie gut hin, versuchen Sie das, was Sie sehen, nachzumachen, ja nachzuempfinden. Verweilen Sie nie zu lange beim Analysieren und vor allem nicht beim Grübeln. So weit zum Tanzen.

Unter Stress ist mindestens eine Hirnhälfte blockiert oder der Zugang zu ihr über den Corpus callosum ist nicht gegeben. So ist Lernen nicht oder nur mit Anstrengung möglich. Auch das Erinnern von Informationen ist nur erschwert oder gar nicht möglich. Die Gedächtnislücke oder der Blackout ist Ihnen sicherlich auch nicht ganz unbekannt. Aber nun zu den einzelnen Übungen, die für jedes Alter und für jede Berufsgruppe geeignet sind.

● Überkreuzbewegungen von Armen und Beinen

Wirkung: Zugang zu beiden Hirnhälften: Die wechselseitigen Bewegungen fördern die visuellen, auditiven, und kinesthetischen Fähigkeiten; Verbesserung der Links-Rechts-Bewegung, gutes Augentraining: Aufnahmefähigkeit für das Gelesene wird verbessert; Abbau von Stresssymptomen und Verspannungen.

So wird's gemacht: Die rechte Hand berührt das linke Knie, dann die linke Hand das rechte Knie. Dabei ist es wichtig, dass das Knie wirklich angehoben wird und dass der jeweils nicht aktive Arm zurückgeschwungen wird. Die Augen sollten dabei nach links oben sehen. Das Ganze soll Spaß machen. Lassen Sie eine rhythmische Musik dazu spielen oder summen oder singen Sie selbst.
Um einen noch besseren Zugang zu beiden Hirnhälften zu erreichen, kann man zusätzlich eine Homolateralbewegung (einseitige Bewegung) in das Programm einbauen. Rechte Hand berührt das rechte Knie, die linke Hand das linke, dabei wird gezählt – zur Aktivierung der linken Hemisphäre. Am Schluss nochmals 10 Überkreuzbewegungen mit Summen.

● Die liegende Acht

Wirkung: Verbesserung der visuellen Wahrnehmung durch die Integration beider Augen; dreidimensionales Sehen wird ermöglicht; Verbesserung der Fähigkeit, visuelle, auditive und kinesthetische Informationen abzurufen; Verbesserung des visuellen Gedächtnisses; Förderung der Fähigkeit, Gelesenes zu verstehen und zu behalten.

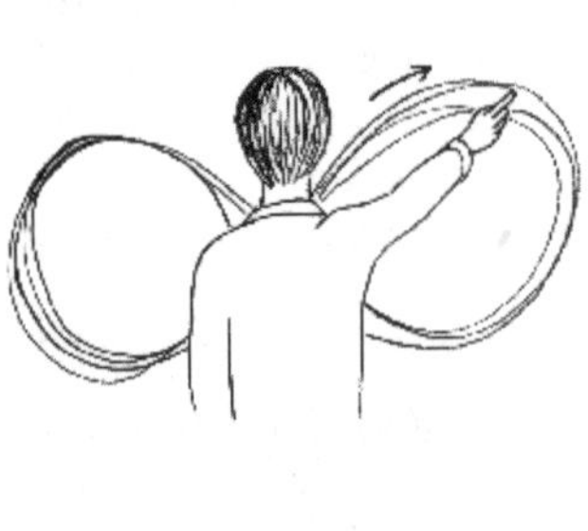

Die liegende Acht gehört zu den Grundübungen der Edu-Kinesiologie. Auch hier wird durch das Überqueren der Mittellinie eine bessere Zusammenarbeit der beiden Hirnhälften erreicht.
Zusätzlich wird aber der Zugang zu bestimmten sensorischen Systemen gefördert.

Durch den Blick nach rechts oder links oben erhält man Zugang zu visuellen Informationen, der Blick nach rechts und links erleichtert das Auffinden von Gehörtem und der Blick nach unten hat mit körperlichen Erfahrungen und Gefühlen zu tun.

So wird's gemacht: Mit dem ausgestreckten Arm wird eine liegende Acht in die Luft gezeichnet. Wichtig ist dabei, dass die Acht in der Mitte nach oben beginnt und die Form so hoch angesetzt ist, dass der obere Rand über der Augenhöhe ist. Die Augen folgen der Hand. Zuerst wird mit der rechten, dann mit der linken und am Schluss mit beiden Armen gleichzeitig geübt.

● Der Elefant

Wirkung: Koordination von Ober- und Unterkörper; Lockerung des unteren Lendenwirbelbereichs; besonders gute Wirkung auf das Hörverständnis; Gehörtes kann besser behalten werden; Herstellung von innerem und äußerem Gleichgewicht.

Der Elefant ist eine Variante der liegenden Acht. Die Übung wird aber nicht mit dem Arm, sondern mit dem ganzen Körper gezeichnet, die Bewegung kommt nur aus der Hüfte.

So wird's gemacht: Die Beine sind gegrätscht, der ausgestreckte Arm stellt den Rüssel dar und liegt am Kopf an. Die Augen schauen über die Hand hinaus in die Ferne. Natürlich wird auch der Elefant erst mit dem rechten, dann mit dem linken Arm gemacht.

● Die Eule

Wirkung: Entspannung der Hals-, Nacken-, und Schultermuskulatur, besonders bei Computer-Tätigkeit; Verbesserung der Koordination von Augen, Ohren und Hand; Mitschreiben und gleichzeitiges Erfassen von Gehörtem wird optimiert; Verbesserung des Hörverständnisses; guter Zugang zu mathematischen Fähigkeiten.

Ein freier Nacken ist die Voraussetzung für Denken und Lernen. Eine verspannte Schulter- und Nackenmuskulatur schränkt die Beweglichkeit ein und blockiert die Blutzirkulation und Energiezufuhr zum Gehirn.

So wird's gemacht: Mit einer Hand wird der Trapez-Muskel mit festem Griff gehalten. Dann wird eingeatmet und der Kopf langsam in die Richtung der gehaltenen Schulter gedreht, das Kinn bleibt dabei gerade. Langsam wieder zurückdrehen und noch ein oder zwei Mal wiederholen, wobei der Radius jedes Mal etwas vergrößert wird. Dann wird das Ganze zur anderen Richtung wiederholt, während nun die andere Schulter gehalten wird. Um das Atemanhalten zu vermeiden empfiehlt es sich, in Ausgangsstellung einzuatmen und beim Drehen des Kopfes auszuatmen.

● **Die Denkmütze**

Wirkung: Aktivierung aller Meridian-Energien; Erhöhung der Aufmerksamkeit und der Aufmerksamkeitsspanne; besonders gute Übung gegen geistige Müdigkeit; Verbesserung der auditiven Wahrnehmung und Merkfähigkeit; erhöht die Aufmerksamkeit zum Autofahren.

Die Denkmütze ist nichts anderes als eine Art Ohr-Akupunktur bzw. Akupressur.

So wird's gemacht: Man nimmt das Ohr zwischen Daumen und Zeigefinger und massiert, beginnend von der Ohrmitte in Richtung Ohrspitze, dann wird dasselbe wiederholt, aber jetzt etwas weiter unten, so lange, bis das ganze Ohr bis zum Ohrläppchen massiert ist. Nach einer gelungenen Ohrmassage sind die Ohren gut durchblutet, rot und warm. Manche Menschen sind an den Ohren sehr empfindlich. In diesem Fall wird die Massage sehr sanft ausgeführt.

Über die Akupunkturpunkte am Ohr werden fast sämtliche Organe positiv stimuliert. Einem geschulten Akupunkteur genügt es meistens, Sie lediglich am Ohr zu behandeln.

Auf der körperlichen Seite des Dreiecks (siehe Zeichnung auf Seite 172) geht es darum, Spannungen zu lösen und Energien wieder zum Fließen zu bringen. Wenn der Körper seinen optimalen Bewegungsspielraum zur Verfügung hat, ist auch der Geist frei zur Erforschung und Nutzung seiner Möglichkeiten. Muskelverspannungen blockieren nicht nur unsere körperliche, sondern auch die geistige Beweglichkeit. Die folgenden Übungen wirken lockernd auf Wirbelsäule, Nacken und Becken und verbessern insbesondere die Energieversorgung des Gehirns. Nun zu den einzelnen Energieübungen.

Die Erdpunkte

Wirkung: Erdung und Zentrierung (in seiner Mitte sein); die Organisationsfähigkeit und Orientierung wird verbessert; Stärkung des Selbstbewusstseins; freier Energiefluss im ganzen Körper; Verbesserung von Koordination und innerer Organisation; Regeneration nach geistiger Anstrengung.

Diese Übung ist eine energetische Korrektur. Die Erdpunkte sind die Anfangs- und Endpunkte des Zentral-Gefäßes.

So wird's gemacht: Eine Hand ruht auf der Oberkante des Schambeins, die andere unterhalb der Unterlippe. Die Punkte werden 30 Sekunden oder länger gehalten. Dabei wird tief geatmet. Dann wechseln die Hände und suchen die gleichen Berührungspunkte.

Die Raumpunkte

Wirkung: verbesserte Hirn-Körper-Koordination; Verlängerung der Aufmerksamkeitsspanne; Entspannung für die Muskulatur der Wirbelsäule; gesteigerte Konzentrationsfähigkeit für eine Aufgabe; Hilfe beim Treffen von Entscheidungen; Entspannung und Lockerung der Haltung bei Computerarbeit.

Die Raumpunkte sind die Anfangs- und Endpunkte des Gouverneurs-Gefäßes, das vom Steißbein über die Wirbelsäule und den Kopf zur Oberlippe läuft.

So wird's gemacht: Eine Hand berührt das Steißbein, die andere massiert die Mitte der Oberlippe.

Die Fußpumpe

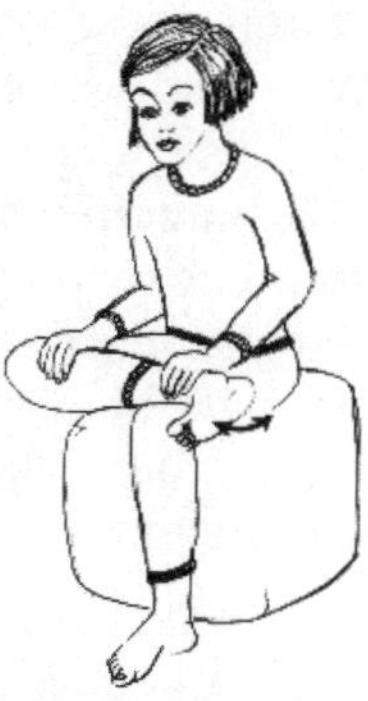

Wirkung: Lösen von muskulären Spannungen; Hilfe bei nervösen Spannungszuständen; Verbesserung der Lernfähigkeit; positive Wirkung auf das Sprachzentrum; der Kopf wird frei; Förderung der Kreativität; Verbesserung der Fähigkeit zu kommunizieren.

Wir lösen mit dieser Übung den Sehnenschutzreflex, eine Stressreaktion des Körpers, bei dem sich, ausgehend von der angespannten Achillessehne über Muskelketten eine Blockade bis zum Kopf ausdehnt.

So wird's gemacht: Die Übung wird im Sitzen durchgeführt. Ein Fuß wird über das Knie des anderen Beines gelegt. Mit einer Hand wird die Achillessehne, mit der anderen die Sehnen in der Kniekehle mit festem Griff gehalten.

Beim Einatmen wird der Fuß so weit als möglich angewinkelt, beim Ausatmen durchgestreckt.

Auch auf der emotionalen Seite des Dreiecks gibt es einfache, aber effektive Übungen. Nicht nur körperliche Symptome, sondern auch geistige Blockaden, Gedächtnis- und Konzentrationsstörungen können auf psychische Ursachen zurückzuführen sein. Aber das ist ja nicht das erste Mal, dass wir Sie auf solche Zusammenhänge aufmerksam machen. Betrachten wir diesen Gesichtspunkt jetzt noch einmal in Bezug auf die Kinesiologie.

Die Existenz von Seele-Körper-Beziehungen wird inzwischen kaum noch angezweifelt. Aber wie sind sie zu erklären? In den letzten Jahren wurden große Anstrengungen unternommen, um den Zusammenhang zwischen seelischen Ursachen und Körperreaktionen wissenschaftlich nachzuweisen. Es entstanden Fachrichtungen wie die Psychoneuroimmunologie, Neuroendokrinologie, orthomolekulare Psychiatrie usw., denen es bis jetzt teilweise gelungen ist, die hormonellen, nervalen und immunologischen Reaktionen des Körpers auf seelische Einflüsse zu beweisen.

Dass diese an sich wichtigen und richtigen Reaktionen des Körpers bei Dauerstress zu Krankheiten führen können, ist nachvollziehbar. Doch auch auf die geistige Gesundheit haben diese Körperreaktion einen negativen Einfluss. Stresshormone haben die wichtige Aufgabe, unser System für Kampf oder Flucht zu aktivieren.
Komplizierte Denkaktionen sind in diesem Zustand nicht wichtig, sie wären sogar gefährlich. Das heißt also, Denken unter Stress ist nicht oder nur sehr eingeschränkt möglich. Wir sind regelrecht blockiert.

Wir brauchen statt der Stresshormone Endorphine, sog. Wohlfühl-Hormone, die durch positive Emotionen freigesetzt werden. Dazu müssen wir die negativen Emotionen wie Angst, Kummer, mangelndes Selbstwertgefühl usw. umwandeln, wir müssen den emotionalen Stress abbauen. Das Brain-Gym-Programm bietet dazu einige ganz einfache Übungen.

● Hirnknöpfe rubbeln

Wirkung: Hilft beim sog. „Black out“; Bringt mehr Ruhe und Gelassenheit; Abbau von Angstgefühlen; Verbesserung von Rechts- Links- Koordination.

Die Hirnknöpfe sind Akupunkturpunkte und sind dem Nieren-Meridian zugeordnet. Sie befindet sich dort, wo sich Schlüsselbein und Rippe jeweils rechts und links begegnen. Nach der chinesischen Elemente-Lehre gehört die Niere zum Element Wasser. Die Emotion des Wassers ist Angst.

So wird's gemacht: Massieren Sie die Punkte vor Situationen, die Ihnen Angst oder Sorgen bereiten, vor Prüfungen, Vorträgen, schwierigen Verhandlungen usw. Achten Sie darauf, dass Sie nicht direkt auf den Knochen massieren sondern in der Kuhle, die zwischen den Knochen spürbar ist.

● ESR-Technik (Emotional Stress Release)

Wirkung: Bringt Ruhe und Konzentration; Abbau von Angst; stellt inneres Gleichgewicht und Harmonie her; freies Sprechen fällt leichter; gute Übung vor Prüfungen, Auftritten u.Ä.

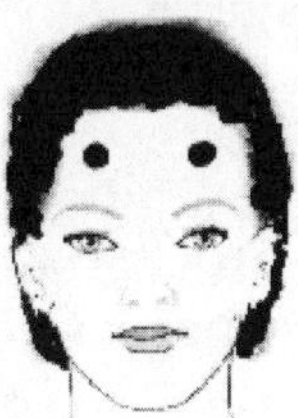

Die Technik besteht im Berühren von Reflexzonen des Magenmeridians. Die Punkte werden in der Edu-Kinesiologie auch die positiven Punkte genannt.

Der Magen gehört zum Element Erde, zur Harmonie. Das Halten der Punkte bringt uns ins Gleichgewicht, in Harmonie mit uns selbst. Sie befinden sich auf der Stirn zwischen den Augenbrauen und dem Haaransatz. Oft berühren wir intuitiv diese Punkte, z.B. wenn wir nachdenken oder wenn wir uns Sorgen machen.

So wird's gemacht: Die Punkte werden mit den Fingerspitzen leicht berührt, während an die belastende Situation gedacht wird. Man kann das für sich selbst tun oder man lässt die Punkte von einer anderen Person berühren. Wenn man zu zweit ist, führt der Helfer/Therapeut mit Fragen: „Schau dir die Sache an; wie fühlst du dich dabei?“ usw. Am Anfang wird man die Aufregung, die Angst, das Kribbeln im Bauch spüren. Nach zwei bis drei Minuten spürt man Entspannung. Der Atem wird tiefer und ruhiger. Der Gedanke an das Ereignis regt uns nicht mehr auf. Der Helfer sollte jedoch darauf achten, dass er durch seine Worte nicht zu sehr in die Problemsituation hineinführt. Er begleitet einfach die Wahrnehmungen, die auftauchen, um sie bewusst zu machen.

Ziele erreichen mit ESR

Die ESR-Technik kann eine wertvolle Ergänzung zum mentalen Training sein. Das Halten der Punkte wird noch wirkungsvoller, wenn wir sie mit einem Ziel kombinieren. „Sabotageprogramme" blockieren unsere Lernfähigkeit und hindern uns am Erfolg. Wenn wir sehr früh einmal die Erfahrung von Misserfolg gemacht haben, wird unser Gehirn immer wieder nach den Mustern dieser Erfahrungen reagieren und wir werden immer wieder bei ähnlichen Ereignissen unbewusst die damit verbundenen Emotionen erleben. So gehen wir schon voller Selbstzweifel an eine Sache heran, oft schon in der Erwartung, dass es doch „wieder schief geht".

Die meisten von uns konzentrieren sich nur auf die momentanen negativen Gefühle und Beschwerden und blockieren dabei jede Möglichkeit der Veränderung. Ein Wandel wird nur möglich, wenn wir anfangen zu fragen: Was will ich statt der Angst, statt der Unsicherheit?

Wir brauchen ein Ziel, um positive Energien zu mobilisieren, um diese alten Muster und Programme zu lösen und unser Gehirn und unsere Gedanken für neue Erfahrungen frei zu machen. Wir benötigen klare Aussagen, welche unserer Aufmerksamkeit die Richtung vorgeben.

So wird's gemacht:

1. Berühren Sie die ESR-Punkte und denken Sie an eine Aufgabe, die auf Sie zukommt. Das kann z.B. eine Prüfung, ein unangenehmes Gespräch, das Lösen einer schwierigen Aufgabe o.Ä. sein.
2. Während Sie die Punkte halten und an die in der Zukunft liegende Situation denken, nehmen Sie Ihren Körper wahr. Achten Sie auf Gefühle. Gibt es Unruhe oder sogar Angst, kribbelt es im Bauch, spannt sich z.B. der Rücken an?
3. Betrachten Sie sich aus der Zuschauerperspektive, während Sie sich noch blockiert fühlen und versuchen Sie herauszufinden, welche Eigenschaft, welche Fähigkeit könnte der Person, die Sie da beobachten, helfen? Ist es Mut, Selbstvertrauen oder Gelassenheit?
4. Kleiden Sie die Eigenschaften, die sie gefunden haben, nun in eine positive Formulierung bzw. Affirmation. Achten Sie peinlichst genau darauf, dass dieser Satz keine Verneinung enthält und dass er nicht nochmals den blockierten Zustand in Worten ausdrückt.

Wenn Sie z.B. Angst fühlen, so dürfen Sie nicht formulieren: „Ich werde keine Angst haben", sondern: „Ich bin voller Kraft und Zuversicht." Ihr Unbewusstes versteht keine Verneinung. Zudem wird sofort mit dem Wort Angst schon wieder die ganze Erfahrung und Emotionskette früherer Ereignisse geweckt. Das muss nicht sein. Also: Formulieren Sie das, was Sie erreichen wollen. Bezeichnen Sie den Zustand, der für Sie erreichbar sein soll. Nicht: „Ich will morgen nicht nervös sein", sondern: „Ich bleibe morgen ruhig und konzentriert". Formulieren Sie es so, als sei es bereits Tatsache – also in der Gegenwartsform. Nicht: „Ich möchte es schaffen", sondern: „Ich schaffe es". Es wirkt auch gut, wenn Sie sagen: „Ich werde es morgen schaffen, mit Vertrauen und Selbstvertrauen gehe ich in den morgigen Tag".

5. Schicken Sie sich die neuen, positiven Eigenschaften. In Ihrer Vorstellung beschenken Sie sich mit diesen Fähigkeiten. Lassen Sie Ihre Fantasie dabei spielen. Gibt es eine Farbe, ein Symbol, das für Sie Mut verkörpert oder Ruhe? Was kann Ihnen helfen, Ihr Ziel zu erreichen? Umgeben Sie sich mit der Farbe oder der Energie des ausgewählten Symbols. Wenn Ihnen Ihre Fantasie Vorbilder oder sogar Fabelwesen schickt, denen Sie zutrauen, dass sie es schaffen, so lassen Sie sich auch von diesen Wesenheiten mit diesen Eigenschaften beschenken. Im Vertrauen: Es hat nichts mit Magie zu tun. Aber es öffnet Türen, die ansonsten verschlossen sind, wenn Angst und Stresshormone die Wahrnehmung und den Körper blockieren.
6. Spielen Sie die positive Situation nun noch einmal in Gedanken durch. Nehmen Sie die neuen, positiven Gefühle bewusst wahr. Wie fühlt es sich an, in Ruhe oder mit Selbstbewusstsein an die Aufgabe heranzugehen? Spüren Sie die Veränderung in Ihrem Körper. Bedanken Sie sich für diesen Wandel. Bei wem fragen Sie? Bei Ihrem Helfer, bei Ihrer Vorstellungskraft und sicherlich bei Gott.

Die Biochemie muss stimmen

Kommen wir nun zur dritten Seite unseres Dreiecks. Unsere Lebensenergie, der Energiefluss in den Meridianen, kann durch emotionale Belastungen wie Sorgen und Angst, durch körperliche Überforderung, aber auch durch falsche Ernährung gestört werden.

Allergien und Mykosen

Immer häufiger kommen Menschen mit einer Vielzahl von Symptomen in die Praxis. Die Beschwerden reichen von Müdigkeit, Schwindel, rheumatischen Schmerzen, Blasen- und Menstruationsproblemen bis hin zu

Herzrhythmusstörungen und Depressionen. Viele Patienten berichten über geistige Müdigkeit, Gedächtnis- und Konzentrationsstörungen. Sie haben schon morgens früh die größten Anlaufschwierigkeiten.

Neben Vitamin- und Mineralstoffmangel können bei diesen vielfältigen und unklaren Beschwerden maskierte Allergien die Ursache sein. Bei einer sog. maskierten Allergie ist keine akute Reaktion des Körpers vorhanden, wie z.B. ein Ausschlag oder Atembeschwerden. Vielmehr glauben die Betroffenen, gerade das unverträgliche Nahrungsmittel tue ihnen gut, oft verlangen sie sogar danach.

Vor allem Zucker, Milch und Weizen können zu solchen versteckten Allergien führen. Herkömmliche Allergietests ergeben in solchen Fällen oft keine Hinweise.

Neben Chemikalien, Toxinen und anderen Umweltbelastungen sind z.B. Darmpilze eine mögliche Ursache für Allergien. Ein geschwächtes Immunsystem schafft die besten Voraussetzungen für eine über das normale Ausmaß hinausgehende Pilzbesiedelung des Darms und damit eine weitere Schwächung eines wichtigen Teils unseres Immunsystems.

Eines müssen wir uns an dieser Stelle ganz klar machen: Nicht die Kraft des Erregers ist es, die ein Lebewesen krank macht, sondern die mangelnde Widerstandskraft und der blockierte Energiefluss des Wirtsorganismus. Ziel der Kinesiologie ist, nicht gegen Erreger, Parasiten oder Pilze zu kämpfen oder Nahrungsmittel zu verdammen, sondern unser Immunsystem wieder zu stärken und uns ins natürliche Gleichgewicht zu bringen. Dies gelingt, indem wir Energieblockaden lösen, körperlichen und emotionalen Stress abbauen und eine stimmige, unseren Möglichkeiten entsprechende Lebensweise erlangen. Für das Arrangement sind wir selbst verantwortlich, und ob wir die Werkzeuge der Natur nutzen, liegt nur an uns selbst.

Wasser trinken, ist die einfachste Übung für das Gehirn

Auch an dieser Stelle möchten wir nochmals auf die Wichtigkeit des Wassers hinweisen. Unser Gehirn braucht Flüssigkeit. Die meisten Menschen, Kinder, vor allem ältere Menschen, trinken zu wenig.

Stress führt dazu, dass unser Körper dehydriert (entwässert). Die Dehydration wirkt sich sehr stark auf die geistige Kapazität und Leistungsfähigkeit aus.

Die einfachste und wichtigste Übung für die biochemische Seite des Dreiecks ist Wasser trinken. Wasser trinken hilft, den Körper zu entschlacken und zu entgiften. Gerade jetzt ist es wieder Zeit, holen Sie sich ein Glas! Was, Sie sitzen noch? Jetzt aber los!!!

Jonglieren mit Tüchern und Bällen

Beim Jonglieren schlagen Sie viele Fliegen mit einer Klappe. Es lockert den Körper, stärkt die Konzentration, es macht Spaß und bringt Energien in Fluss. Besorgen Sie sich am besten Jonglier- oder ganz dünne und leichte Seidentücher. Diese fliegen länger als Geschirrtücher.

Schritt 1:
Bevor Sie beginnen, sagen Sie sich, dass Sie es schaffen können: „Ich lerne jonglieren." Stellen Sie sich vor eine Wand, die Ihnen nach Möglichkeit eine ruhige Fläche bietet, so dass Sie nicht abgelenkt oder irritiert werden. Bevor Sie die Tücher werfen, bewegen Sie Ihre Arme mit den Tüchern abwechseln über kreuz nach oben und unten.

Schritt 2:
Fangen Sie mit einem Tuch an und werfen Sie es schräg vor dem Oberkörper bis über Schulterhöhe von rechts unten nach links oben, lassen es los und fangen Sie es mit der anderen Hand auf. Dasselbe wird nun mit der anderen Hand gemacht. Wiederholen Sie es einige Male, bis es sitzt.

Schritt 3:
Werfen Sie erst mit der rechten Hand Tuch 1 hoch, und während es seinen Höhepunkt erreicht, werfen Sie Tuch 2 mit der linken Hand unter dem noch fliegenden Tuch 1 hindurch (natürlich auf die andere Seite). Während Tuch 2 in der Luft ist, wird Tuch 1 mit der linken Hand aufgefangen, kurz darauf Tuch 2 mit der rechten Hand. Geben Sie sich anfangs ein Kommando. Werfen – werfen – fangen – fangen. Oder zählen Sie: 1–2–3–4. Wichtig ist, dass wirklich jede Hand wirft. Anfangs macht man oft den Fehler, ein Tuch mit der rechten Hand zu werfen und das nächste in die rechte Hand zu legen, bevor man wieder wirft. Also, die rechte und die linke Hand müssen abwechselnd werfen, und zwar das Tuch, was Sie anfangs auch in Händen haben. Linkshändern gelingt es vielleicht besser, mit links zu beginnen. Den Schritt 3 üben Sie für län-

gere Zeit. Sie beginnen immer wieder von vorne, zählen beim Werfen und Fangen 1–2–3–4 und stoppen dann wieder. Freuen Sie sich darüber, dass sie es schon so weit gebracht haben. Sie brauchen dieses Erfolgserlebnis für den nächsten Schritt.

Schritt 4:
Beginnen Sie diesen Schritt erst, wenn Schritt 3 klappt. Nehmen Sie in die Hand, mit der Sie beginnen, zwei Tücher. Halten Sie die Tücher so, dass Sie sie auf jeden Fall nacheinander werfen können.

Achtung: Es beginnt immer die Hand, die zwei Tücher hält. Werfen Sie eines davon los, und während es fliegt, startet Tuch 2 der linken Hand. Und während dieses Tuch fliegt, fängt die linke Hand Tuch 1. Kurz darauf wirft die rechte Hand das Tuch 3, das sich ja noch in der „ersten Hand“ befindet.

So, nun genug der Worte. Versuchen Sie es. Sie können es schaffen. Sollten sich doch Probleme einstellen, verzagen Sie nicht – kommen Sie in unser Seminar – dort hat es noch jeder gelernt, oder fragen Sie Ihre Nachbarn. Sie werden garantiert jemanden finden, der Ihnen zeigen kann, wie man jongliert.

Mit Bällen geht es genauso. Unser Tipp: Besorgen Sie sich gute Jonglierbälle. Tennisbälle, Colaflaschen und Apfelsinen sind nicht dazu geeignet. Sie rollen auf dem Boden zu weit, wenn sie Ihnen entgleiten. Stellen Sie sich am besten vor einem Sofa oder vor einem großen Tisch auf, dann müssen Sie sich, wenn Ihnen ein Ball davonfliegt, nicht so weit bücken.

Spielen Sie Instrumente

Eine einfache Art, ganz nebenbei kinesiologischen Energieausgleich zu erreichen und Blockaden zu lösen, besteht darin, ein Instrument zu spielen, bei dem auf jeden Fall zwei Hände unabhängig voneinander spielen müssen. Ideal ist da natürlich das Klavier. Aber auch viele andere Instrumente sind geeignet. Es spielt keine Rolle, ob Sie eher Freude an der Klarinette, an der Geige oder Gitarre finden, es werden immer beide Hände unabhängig voneinander trainiert. Aber achten Sie daruaf, dass Sie im Stadium des Erlernens nicht ständig nur analysieren, auswendig lernen oder alles Ihrem Lehrer nachmachen, sondern dass Sie sich auch Raum für das spielerische Entdecken des Instruments und seiner Möglichkeiten geben. Wenn Sie Kinder in den Musikunterricht schicken, sprechen Sie mit dem Schulleiter oder den Musiklehrern und fordern Sie kreativen Musikunterricht. Überdies erfordert das Musizieren auch Konzentration und bietet daher eine gute Möglichkeit, die Aufmerksamkeit zu schulen.

Schlussbetrachtung zum Thema Kinesiologie

Im Rahmen dieses Buches können natürlich nur ausgewählte Aspekte des umfassenden Themenkreises herausgegriffen werden. Bei tiefer gehenden Problemen ist es empfehlenswert, sich an kinesiologisch ausgebildete Therapeuten zu wenden. Greifen Sie dann also nicht zur Selbsttherapie, sondern suchen Sie die Fachleute auf, die Ihnen bei der Erstellung einer Diagnose kompetent helfen können.

Wir möchten an dieser Stelle noch darauf hinweisen, dass in unseren Seminaren für geistige Fitness und Stressbewältigung die Kinesiologie integriert ist. Weitere Kinesiologie-Seminare für jedermann bietet das Institut für angewandte Kinesiologie (IAK) in Kirchzarten und das Institut für angewandte Kinesiologie in Meersburg (siehe Anhang).

Geistig fit mit Musik

Musik hat die Kraft, unsere Gedanken und Gefühle zu erreichen

Vielleicht fragen Sie sich, warum wir Ihnen ein Kapitel zum Thema Musik anbieten. Die Antwort ist ganz klar. Musik ist überall vorhanden und sie schafft Stimmungen, die uns teilweise sehr stark beeinflussen. Wir können Musik gezielt nutzen, um Lernfreude und Optimismus zu gewinnen – oder traurig und depressiv zu werden.

Sie hören Musik von Thomas Drach. CDs sind an der Kinokasse erhältlich.

Musik hat die Kraft, unsere Gedanken und Gefühle zu erreichen und diese zu beeinflussen. Vielfach verbinden wir ganz bestimmte Musikstücke mit Ereignissen in unserer Vergangenheit. Wir erinnern uns z.B. an die ersten Stunden des Verliebtseins, an Urlaubssituationen, an bestandene Prüfungen oder auch an Erfahrungen, die nicht unbedingt positiv in Erinnerung geblieben sind. Musik erreicht nicht nur unsere Ohren und Gehirnzellen, sondern sie durchströmt unseren gesamten Körper und unsere tiefsten Empfindungen. Schauen Sie sich z.B. einmal einen Ihrer Lieblingsfilme an und halten sich dabei die Ohren zu. Jeder von Ihnen wird voraussichtlich die gleiche Erfahrung machen. Sie werden den Film wahrscheinlich anders erleben als mit Musik. Es scheint fast so, als ob die Energie fehlt. Die Musik erzeugt im Zusammenspiel mit den präsentierten Bildern und in Kombination mit unseren Erinnerungen Gefühle oder verstärkt sie. Stellen Sie sich einmal die Eröffnung einer Olympiade ohne besondere Musikdarbietungen vor. Oder was wäre „Wetten dass“ ohne die vorher eingespielt Eurovisions-musik?

Motivieren Sie sich mit Ihrer Lieblings-CD

Die meisten Menschen hören Musik eher unbewusst. Sie konsumieren alles Mögliche, ohne sich dabei Gedanken über tiefere Zusammenhänge zu machen – was auch in Ordnung ist. Wer sich jedoch der Tiefenwirkung von Musik bewusst ist, der kann sie auch gezielt nutzen. Sie glauben mir nicht? Dann legen dieses Buch jetzt bitte zur Seite und holen sich Ihre Lieblings-CD mit einem sehr rhythmischen Song. Widmen Sie sich voll und ganz diesem Musikstück, lassen Sie Gefühle hochkommen – Ihr Körper setzt sich in Bewegung und tanzt. Wie war es? Wie bitte? Sie fragen, ob das auch mit einem langsamen Musikstück funktioniert? Na klar! Die Erfahrung wird natürlich eine andere sein – sie wird dann eben dem entsprechen, was in der langsamen Musik zum Ausdruck kommt.

Lernen mit Musik?

In diesem Zusammenhang möchten wir noch einmal an die Wirkung von Assoziationen in Bezug auf das Gedächtnis erinnern. Wenn Sie z.B. beim Lernen oder in Phasen geistigen Arbeitens eine bestimmte Hintergrundmusik hören, wird Ihnen diese Musik wiederum helfen, sich im Nachhinein an das Gelernte zu erinnern. Leider gibt es Menschen, die sich während des Lernens von Musik eher gestört fühlen. Leider gehöre ich zu ihnen – und vielleicht rührt es daher, dass ich selbst Musiker und Komponist bin und meine Gehirnzellen der dargebotenen Musik folgen wollen. Bei meinem Zwillingsbruder war es da während unserer gemeinsamen Schulzeit ganz anders. Er konnte zu lauter Popmusik am besten lernen und er war in der Schule eigentlich auch immer besser als ich. Vielleicht hat das Stück „Free me“ von Uriah Heep seinen Geist beflügelt, während es mich eher zur Gitarre greifen ließ. Finden Sie selbst heraus, wie es Ihnen mit Lernen und Musik ergeht. Letztlich zählt für die Schule und jedwede andere Prüfung einzig und allein das Ergebnis.

Weiterführende Zusammenhänge und Wirkungen der Musik

Durch das Aufzeigen tieferer Zusammenhänge von Musik, Gedanken und Gefühlen, möchten wir Sie dazu anregen, Musik dafür zu benutzen, positive Ereignisse und Stimmungen mit einer dafür passenden Musik zu untermalen. So erschaffen Sie mit der Zeit ein Repertoire von Kraft spendenden Musikstücken. Wenn es Ihnen einmal nicht so gut geht, können Sie mit dieser Musik Ihren Zustand positiv verändern, sofern Sie das wollen. Beachten Sie allerdings auch, dass jegliche Stimmung eine Ursache und damit auch eine Berechtigung hat.

Besonders bei Trauer können Sie gezielt mit einer passenden Musik diesem Gefühl mehr Raum, Berechtigung und Ausdruck verleihen.

Musik und Meditation

Gleichfalls können Sie Musik dafür benutzen, Ihre Meditationsübungen zu unterstützen. Hierfür gibt es mittlwerweile ein sehr breites Angebot an CDs. Finden Sie heraus, ob Sie eher die ganz ruhige Musik oder Naturgeräusche bevorzugen. Welche Instrumente mögen Sie? Hören Sie lieber Panflöte, ein Klavier oder ein weiches E-Piano? Auch Gitarrenklänge können sehr beruhigend und friedvoll sein. Manchmal aber soll-

ten es nur einfache tibetische Klangschalen sein, kombiniert mit erhebenden Flötenpassagen. Hier könnte z.B. die Musik von Richard Hiebinger eine gute Wahl sein. Unsere Empfehlungen hierzu finden Sie im Anhang.

In der höchsten Stufe der Meditation werden Sie voraussichtlich komplett auf Musik verzichten. Sie werden die innere Stille durch nichts mehr beeinfllussen. Hier werden Sie selbst zum Musiker, zum Komponisten, zum Kanal für die Musik Ihres Herzens. Sie gehen auf im harmonischen Einklang. Bis Sie diese Stufe allerdings erreicht haben, ist Musik eine wunderbare Möglichkeit, Meditation zu üben.

Musik im Wandel der Zeit

In fast allen Zeitepochen und Kulturen auf dieser Erde wurde Musik als Quelle für Harmonie und Inspiration genutzt. Seien es monotone Trommelrhythmen für die schamanische Reise in archaischen Kulturen, sphärische Klänge von Gongs in asiatischen Klöstern, liturgische Gesänge wie z.B. der gregorianische Choral christlicher Mönche in Europa: Musik, Klang, Sprache und Gesang begleiten und beeinflussen den Menschen ein Leben lang.

Ja, im Bauch unserer Mutter werden wir schon vom ständigen Herzton begleitet und lernen, uns diesem Klang anzuvertrauen. Später folgen wir den Stimmen von Vater, Mutter oder den entsprechenden Bezugspersonen, von denen wir anfänglich abhängig sind. Wir haben alle schon erfahren, wie viel Aggression einerseits oder wie viel Frieden und Wohlgefühl andererseits in Stimmen und in Musik liegen kann und wie wir je nach Tonhöhen, Stimmlagen und Lautstärken entsprechend darauf reagieren. Ich möchte Sie dazu anregen, in Zukunft etwas aufmerksamer zu sein und bewusster auszuwählen. Entscheiden Sie selbst, mit welcher Art von Musik Sie sich berieseln lassen und wie weit Sie sich mit Dissonanzen oder Wohlklängen umgeben wollen. Anmerkung: Eine Dissonanz kann Ihren Geist dazu anregen, die Harmonie wieder zu suchen. In der Musiktherapie wird hier mit umfassenden Methoden sehr effektiv gearbeitet.

In der heutigen Zeit ist Musik überall vorhanden. Fernseh- und Rundfunkanstalten senden Tag und Nacht ihre Musik ins weltumspannende Netz. Supermärkte, Einkaufszentren und Wellnessparks speisen ihre Stereoanlagen bereits über das Internet mit speziell auf ihre Branchen und die Kunden (Verbraucher) zugeschnittenen Musikarrangements. Hunderte von Kanäle sind bis an den Rand gefüllt mit Musik verschiedenster Stilrichtungen. Fernsehgerät, Radio, CD- und MP3-Player gehören heute in jeden modernen Haushalt. Musikhören ist hoch im Kurs, aber wie geht es eigentlich unserem Gehirn und Nervensystem mit der ständigen Musikberieselung? Welche Einwirkung hat Musik auf Geist und Seele? Das sind Fragen, denen es sich einmal nachzugehen lohnt.

Musik hat Tiefenwirkung

Eines ist klar: Musik geht tief, sie trifft, wenn bestimmte Voraussetzungen erfüllt sind, sogar mitten ins Herz. Wir gehen in Resonanz mit den verschiedensten Stimmungen und Informationen, die über die Musik in unser Inneres transportiert werden. Joachim Ernst Berendt sagte einmal: „Ich höre, also bin ich." Demzufolge könnte über das Hören eine direkte Verbindung auch zu unserer Seele bestehen.

Wie bereits erwähnt, wird Musik in allen Kulturen und zu allen Zeiten dafür benutzt, Stimmungen zu erzeugen und kraftvolle Rituale zu begleiten. Musik und Klang sind tatsächlich sehr manipulative Instrumente, mit denen wir Geist, Körper und Seele direkt oder indirekt beeinflussen können. Dabei bedient sich die Musik vieler Elemente, die fein aufeinander abgestimmt, ihre Wirkung mildern oder verstärken. Rhythmus, Melodieführung, Auswahl der Instrumente und Klänge, Stimmlagen der Instrumente und Sänger, Pausen, Taktmaß, Tonarten, usw. …

Die Seele hat ihre eigene Musik und das Gehirn folgt ihr nach.

Während eine Idee stets von äußerer Beeinflussung herrührt, müssen wir bei der Inspiration davon ausgehen, dass es sich um eine „innere Eingebung" handelt, bei der wir aus der Stille heraus empfangen, was vorher noch nicht dagewesen ist. Durch Gedanken wird bereits Bekanntes auf eine neue Art und Weise zusammengesetzt und es entsteht etwas scheinbar Neues. Durch Inspiration hingegen, entsteht etwas völlig Neues. Wer sich permanent mit vorgefertigter Musik volldröhnt, unterdrückt die Inspiration. Wer jahrelang im Rhythmus von Marschmusik durchs Leben gezogen ist, wird sich kaum halten können, wenn er den Radetzky Marsch hört. Musik prägt, Musik führt, Musik manipuliert, Musik macht aber auch frei.

Gerade vorhin hörte ich das Stück „Desert Rose“ von Sting. Ich hatte plötzlich Lust darauf, mich zu bewegen und zu tanzen. Das tat ich dann auch und nun sitze ich beschwingter und fröhlicher als zuvor wieder am Computer. Die Frage ist, ob Sie sich von Musik manipulieren lassen oder ob Sie die Musik dazu benutzen, Ihren Stimmungen den gewünschten Ausdruck zu geben und Ihre Empfindungen zu intensivieren.

Gehirnzellen tanken in der Stille auf

Bei allem, was die Musikindustrie heute an vorgefertigter Musik zu bieten hat, bei allem Reichtum an Klängen und Kompositionen möchte ich Sie an dieser Stelle noch einmal dazu ermuntern, immer wieder Raum für Stille zu schaffen.

So wie sich das Gedächtnis im Schlaf organisiert, sich von Altlasten befreit und Prioritäten ordnet, so benötigen die Gehirnzellen immer wieder die Stille, um sich von Grund auf zu erholen und sich einzustimmen auf die eigene Frequenz der Harmonie. Ich weiß, das klingt an dieser Stelle vielleicht etwas „esoterisch“, mag sein, aber ich bitte Sie ja nicht, diese Aussagen einfach so hinzunehmen, geschweige denn zu glauben. Sie können es sowieso erst wissen, wenn Sie es erfahren haben. An anderer Stelle in diesem Buch haben wir Sie bereits dazu ermutigt, immer wieder Ruheminuten einzuplanen, in denen Sie sich für kurze Zeit zurückziehen und Konzentration üben. Eine weitere Stufe der Ruheminute heißt Meditation. Es würde allerdings zu weit führen, hier ausführlicher auf Meditationstechniken einzugehen. Hierüber gibt es gute Literatur und Kurse.

Aktives Musizieren als Ausdruck der Persönlichkeit

Ich möchte noch einmal betonen, wie gesund und heilsam zugleich es ist, selbst zu musizieren. Wenn Sie selbst keinen Zugang zu einem Instrument finden, dann spornen Sie dennoch Ihre Kinder und Freunde dazu an. Im Instrument findet unsere Seele ein geeignetes Sprachrohr, um sich mitzuteilen, sich auszudrücken. Es muss nicht immer Klavier oder Gitarre sein. Probieren Sie es doch einmal mit einem Didgerridoo oder einer einfachen Trommel, die es mittlwereile in vielen Musikgeschäften zu kaufen gibt.

Von Einstein wird erzählt, dass er sich durch sein leidenschaftliches Geigenspiel in einen Zustand der Entspannung versetzte und dann seine Probleme leichter lösen konnte.

Wenn Sie Ihre musikalischen Fähigkeiten ausbauen wollen, finden Sie in Ihrem persönlichen Umfeld sicherlich geeignete Musiker oder Musiklehrer, von denen Sie lernen können. Adressen von Musikschulen in Ihrer Nähe erhalten Sie beim VdM-Verband deutscher Musikschulen e.V. Die Adresse finden Sie im Anhang.

Direkte Wirkung von Musik auf Mensch, Tier und Pflanze

Diese Wirkungen haben sich in verschiedenen praktischen Versuchen bestätigt: Pflanzen z.B. lieben harmonische Musik! Bei Beschallung mit klassischer Musik (Bach und Mozart) wachsen sie deutlich in Richtung der Lautsprecher, während sie sich bei lauter Rockmusik sichtlich von ihnen abwenden. Es ist gelungen, eine Sonnenblume im Winter zum Blühen zu bringen, indem eine Stimmgabel mit dem Sonnenton täglich für bestimmte Zeit an ihren Tontopf gehalten wurde.
Auch Kühe scheinen mehr Milch zu geben, wenn sie mit klassischer Musik im Stall berieselt werden. In einigen Kliniken – vorwiegend in England und den USA – bemerkte man eine Beschleunigung des Genesungsprozesses bei Kranken, denen regelmäßig sanfte Musik vorgespielt wurde. Auch Lernmethoden wie z.B. Superlearning nutzen die Entspannungseffekte vor allem klassischer Musik.

Wohlfühlklänge und soziale Kompetenz

In der heutigen – durch Medien geprägten – Zeit setzen die meisten Menschen Musik bei verschiedenen Gelegenheiten ein. Immer beliebter wird die sog. Entspannungs- oder Wohlfühlmusik, mit der Menschen in ihrem Zuhause eine harmonische Atmosphäre – als Ausgleich zur hektischen Berufs- und Alltagswelt – schaffen wollen. Diese Art Musik wird meist mit Synthesizern gespielt. Der

Synthesizer spricht mit seinem Klangbild primär den Mentalbereich, d.h. die Ebene der Gedanken an. Wenn Sie also einmal abschalten und träumen wollen oder neue Inspiration suchen, ist diese Art der Musik gut geeignet. Akustische Instrumente wie z.B. Piano, Gitarre, Flöten, Streichinstrumente etc. berühren eher das Herz des Menschen und sprechen somit die emotionale Ebene an. Der Kontakt zu den eigenen Gefühlen ist für Menschen, vor allem auch in leitenden Positionen, eine wichtige Grundlage zur Entwicklung sozialer Kompetenz geworden – einhergehend mit dem Begriff der „emotionalen Intelligenz". Klanginstrumente, die zum Teil archaisch anmuten (z.B. Gongs, Klangschalen, Didgeridoo etc.) wirken stark auf der körperlichen Ebene, zum Teil bis in die Zellstrukturen, und können Zugang zu unterbewussten oder überbewussten Schichten des Bewusstseins herstellen. Sie führen oft in sehr tiefe Entspannungszustände und ermöglichen, tieferen Beweggründen, Gefühlen und Denkmustern auf die Spur zu kommen. Menschen, die sich selbst wahrhaft und tief erkennen und erfahren wollen, werden meistens von dieser Art von Klängen am stärksten angezogen.

Lauschen Sie in die Natur

Nehmen Sie sich immer wieder Zeit für einen Waldspaziergang und lauschen Sie, was die Natur Ihnen zu erzählen hat. Lassen Sie sich vom Rauschen des Windes und vom Gesang der Vögel erfreuen. Ein Professor der Psychologie berichtete mir einmal vom sog. „Gesundmarsch", bei dem empfohlen wird, mindestens zwei Stunden täglich durch die Natur zu spazieren und dabei mit allen Sinnen wahrzunehmen, ohne etwas zu beurteilen. Das ist sowohl Musiktherapie als auch geistig-körperliches Fitnesstraining. Vor allem wenn Sie in einer Groß- oder Industriestadt wohnen, sollten Sie immer wieder zur Regeneration und Inspiration in die Natur eintauchen.

Der Ton macht die Musik – Naturklang ist gefragt!

Da die meisten Menschen heute Musik von CD hören, liegt es mir am Herzen, Ihnen interessante Hintergrundinformationen über dieses Medium zu geben. Anfang der 80er Jahre – als die ersten CDs erschienen – wurden viele Klagen von Musikliebhabern laut, dass die CD kalt und steril klingt und dass sie das ganze Klangspektrum der Musik nicht wiedergeben kann. Im Laufe der Zeit gewöhnten sich die Ohren daran und die CD setzte sich als Medium für Musik – wahrscheinlich vor allem wegen ihrer praktischen Vorzüge – gegenüber Musikkassetten und Schallplatten durch.

Dies könnte an der Digitalisierung der Musik im 16-Bit-Datenformat liegen. Achten Sie daher beim Kauf von Tonträgern auf das sog. 24-Bit-Mastering. Ihr Gehörsinn und Ihr Gehirn kann diese Musik besser verarbeiten und benötigt weniger Energie, um sie wahrzunehmen. Es sei an dieser Stelle auf die aufschlussreichen Untersuchungen und Veröffentlichungen von Dr. John Diamond verwiesen. (*„Das Herz der Musik"* und *„Lebensenergie in der Musik"*. Weitere Angaben finden Sie in den Literaturempfehlungen.) Einfach ausgedrückt hört unser Ohr ein größeres Spektrum, als es über die normale CD oder über das noch extremer komprimierte Datenformat MP3 angeboten wird. Das Gehirn ist damit nicht einverstanden und ergänzt das, was in der Musik fehlt, nun in Eigenarbeit und das kostet letzendlich Energie. Der Mangel wird durch das oben bereits erwähnte 24-Bit-Mastering ausgeglichen. Da lobe ich mir die Denkweise von Richard Hiebinger, einem befreundeten Komponisten und Musiker, der sein Tonstudio mit reiner Sonnenenergie betreibt und davon ausgeht, dass dies auf seinen CDs zu einem hörbaren Ausdruck kommt. Hören Sie doch einfach mal hinein (weitere Angaben im Anhang).

Unser Tipp zur Musikauswahl

Klar, jeder hat seine speziellen Vorlieben in Bezug auf Harmonien, Melodien und Instrumentierung, deswegen können wir Ihnen nur wenige Tipps und Empfehlungen geben. Wenn Sie sich die produktionstechnischen Maßstäbe einmal klar gemacht haben und entsprechend unterscheiden können, dann müssen Sie nur noch herausfinden, welche Art von Musik Sie brauchen, um sich am besten entspannen oder aktivieren zu können. Im Anhang finden Sie Hinweise auf die in unseren Seminaren verwendete Musik, die natürlich im 24-Bit-Mastering hergestellt wurde.

Für entspannende Stunden empfehlen wir Ihnen die neue Bodensee-Wellness-CD. Sie bildet ein harmonisches Miteinander von Naturklängen (Wasser, Vögel etc.) und wohltuenden Kompositionen aus den CDs *Tanz der Gefühle, Traumland* und *Grenzenlos*. Diese Musik wird häufig in den Seminaren bei Entspannungsübungen und Fantasiereisen eingesetzt.

Für die nachfolgende Musik-Meditation empfehlen wir Ihnen, eine ruhige Hintergrundmusik zu wählen und – sofern Sie das technisch lösen können – den Text auf Band zu sprechen, damit Sie sich dann auch richtig entspannen können. Diese Meditation wird in absehbarer Zeit auch als CD zur Verfügung stehen. Anfragen hierzu richten Sie bitte an t.d.vital (Adresse im Anhang).

Entspannungsübung mit Musik

Die folgende Entspannungsübung mit Musik kann Ihnen bei Stressbewältigung, Regeneration und beim Öffnen für neue Inspiration dienlich sein. Das bewusste Hören, Erleben und Spüren von Musik harmonisiert Körper, Geist und Seele und schenkt Ihnen neue Vitalkräfte.

Nehmen Sie sich zwischen 30 und 60 Minuten Zeit. Sorgen Sie dafür, dass Sie nicht gestört werden, schalten Sie auch das Handy ab und legen Sie es außer Reichweite. Bequeme, lockere Kleidung erleichtert die Entspannung. Sie können den Raum etwas abdunkeln und eventuell mit einer Kerze oder einer Salzkristalllampe eine gemütliche Atmosphäre schaffen. Auch ein naturreiner ätherischer Duft, der sich sanft im Raum ausbreitet, kann Ihnen dabei behilflich sein, den Stress des Alltags hinter sich zu lassen. Stellen Sie eine Entspannungsmusik, die Sie gerne mögen in der Lautstärke an, die Ihnen behagt. Sie können natürlich auch einen Kopfhörer benutzen.

Legen Sie sich nun bequem nieder (Bett, Couch, Matte etc.) und achten Sie darauf, dass Ihnen während der Entspannung warm genug bleibt. Decken Sie sich eventuell zu. Atmen Sie nun drei Mal tief ein und aus. Lassen Sie danach Ihren Atem ganz natürlich weiterfließen. Beobachten Sie ihn so, als ob Sie eine Meeresbrandung betrachten. Er kommt und geht ganz natürlich. Lassen Sie nun Ihr Körpergewicht los; geben Sie Ihr ganzes Gewicht an Ihren Liegeplatz und an die Erde ab. Spüren Sie, wie der Körper schwer und warm wird. Erwarten Sie nichts, geben Sie sich der Musik und dem Augenblick hin und lassen Sie einfach einmal geschehen. Sie sind sicher! Wenn Gedanken oder Gefühle in Ihnen aufsteigen, so ist das natürlich und normal. Lassen Sie diese einfach wieder los. Lassen Sie sie weiterziehen, weiterfließen; halten Sie nichts fest. Die Gedanken und Gefühle sind ohne Ihr Zutun gekommen und sie werden auch wieder von selbst gehen, wenn Sie sie nicht festhalten. Es gibt nichts, was Sie nicht auch nach dieser Entspannung noch tun und erledigen können. Nur diese Zeit der Ruhe für Sie selbst ist jetzt absolut wichtig! Wenn Sie anfänglich Schwierigkeiten haben zu entspannen: können Sie sich auch einige Affirmationen zurechtlegen. (Z.B.: Ich fühle mich jetzt ganz entspannt und harmonisch. Ich bin eins mit mir selbst.) Sobald Sie ein schweres und warmes Gefühl im Körper spüren und ganz mit der Musik schwingen, können Sie zum nächsten Schritt der Übung gehen.

Stellen Sie sich die Melodien und Klänge in der Musik als Fluss vor. Ein frischer, klarer und energiereicher Strom. Lenken Sie diesen Strom nun langsam durch Ihren gesamten Körper, indem Sie Ihn am Scheitel einströmen lassen. Nachdem er Kopf und Gesicht erfüllt hat, lassen Sie Ihn durch den Hals in den Brustkorb, durch die Schultern in die Arme, Hände und Finger fließen. Wenn diese Bereiche ausgefüllt sind, strömt der harmonische Fluss tiefer. In Ihren Ober- und Unterbauch. Lassen Sie ihn Ihr gesamtes Becken bis zum Perineum fließen und dann auch noch in die Beine, Füße und Zehen.

Durch Ihre Füße und Zehen strömt der Fluss der harmonischen Musik dann wieder aus Ihrem Körper, um seine – nie endende Reise – fortzusetzen. Beständig strömen nun neue Klänge in Sie hinein, durchströmen Sie und fließen dann wieder aus Ihnen hinaus. Spüren Sie dieses Strömen und Fließen am ganzen Körper. Geben Sie dem Strom alle negativen Gedanken und Gefühle, alle Sorgen, Ängste, allen Groll mit. Lassen Sie völlig los und tauchen Sie ganz in das Gefühl von neuer Kraft und Inspiration ein, die ständig in Sie einfließt, ohne dass Sie etwas dazu tun brauchen.

Wenn Sie nun alles Belastende losgelassen haben und erfüllt sind von frischer Vitalität, wenn Ihr ganzer Körper mit der Musik mitschwingt, dann sind Sie wirklich zur Person geworden. Denn das lateinische Wort „personare" heißt nichts anderes als „durchtönen". Genießen Sie diesen Zustand, solange Sie wollen. Und wenn die Musik endet, lassen Sie dieses Gefühl nachklingen, bis ganz langsam tiefe Stille eintritt. In dieser Stille liegt unendliche Kraft und Kreativität. Ganz natürlich und ohne Anstrengung wird sich diese Kraft in Ihrem Leben einen Weg bahnen, wenn Sie bereit sind loszulassen, zu entspannen, es geschehen zu lassen. Sobald Sie bereit sind, diese Entspannungsübung zu beenden, atmen Sie bitte drei Mal tief ein und aus. Bewegen Sie langsam Ihre Finger und Zehen. Räkeln und strecken Sie sich, bis sich Ihr Körper wieder ganz wach anfühlt, und stehen Sie dann langsam auf. Gönnen Sie sich noch eine kleine Pause, bevor Sie sich wieder dem Alltag mit seinen Anforderungen zuwenden, indem Sie z.B. noch eine gute Tasse Tee trinken, eine Freundin anrufen und ihr ein paar nette Worte sagen oder ein paar anregende Gymnastikübungen machen.

Versichern Sie sich, dass Sie regelmäßig zu diesem Strom in Ihrem eigenen Inneren zurückkehren, um sich darin zu reinigen und Energie zu schöpfen. Sie werden feststellen, dass dies Ihre Persönlichkeitsentwicklung stark fördert und Sie mit Ihrem Leben bewusster, kreativer und gelassener umgehen können!

Informationen über Seminare zum Thema „Sounds for Evolution – Klänge zur Reifung“ finden Sie unter: www.mentalcoaching.de

Fit durch Ayurveda

Ayurveda, wörtlich „die Wissenschaft vom Leben“,
ist die älteste ganzheitliche Heilkunde der Menschheit

Wenn wir auch in Zukunft fit und leistungsfähig sein wollen, um den hohen Anforderungen unserer westlichen Gesellschaft genügen zu können, dann muss **Vorbeugung vor Heilung** gesetzt werden. Wenn wir uns in den medizinischen Disziplinen der Weltkulturen umschauen und nach ganzheitlichen Ansätzen suchen, so begegnen wir unweigerlich dem **„Königsweg der Heilkunst“**. Ayurveda heißt das Zauberwort und bedeutet wörtlich „die Wissenschaft vom Leben“; sie wird als die älteste ganzheitliche Heilkunde der Menschheit bezeichnet.

Die klassischen Grundlagen des Ayurveda sind über zwei Jahrtausende bis heute erhalten geblieben. Jedoch ist auch in Indien, dem Ursprungsland des Ayurveda, bedingt durch die politischen und kulturellen Umwälzungen der letzten Jahrhunderte, der ganzheitliche Therapieansatz des Ayurveda weitgehend verloren gegangen. Es verwundert nicht, dass man in westlichen Ländern noch vor wenigen Jahren kaum etwas vom Ayurveda wusste. Selbst Kenner des Ayurveda glaubten nicht daran, dass sich die vielfältigen Möglichkeiten der Vorbeugung und Therapie außerhalb Indiens umsetzen lassen.

Die Anforderungen an eine neue Medizin sind hoch. Wenn sie erfolgreich sein will, muss sie Gegensätze überbrücken können: Gegensätze, die heute noch zwischen wissenschaftlich-systematischem Denken und ärztlicher Intuition bestehen und sich in der Trennung von Körper und Geist ausdrücken. Eine neue Medizin muss die Erfahrungen und das Denken unserer Vorfahren integrieren können um damit Heilung zu bewirken.

Der Ayurveda ist die älteste Heilkunde der Menschheit. Das Altsein alleine ist jedoch noch kein Verdienst. Bereits in seiner Blütezeit vor 3000 Jahren hatte der Ayurveda Hochschulcharakter. Eigenständige Fachgebiete wie Innere Medizin, Chirurgie, Gynäkologie, Kinderheilkunde und Toxikologie sind der Beweis für das systematische Denken der alten Ärzte. In einer genialen Weise waren Theorie und Praxis miteinander verknüpft, waren rationales Denken und spirituelle Entwicklung keine Gegensätze, sondern ergänzten sich gegenseitig.

In den letzten Jahrhunderten zerfiel der ganzheitliche Denkansatz des Ayurveda. Teilaspekte wurden, unter Verlust ihres ursprünglichen Zusammenhangs, vorwiegend in verschiedenen Familientraditionen weitergereicht. Zu einer Wende kam es erst Ende der 70er Jahre: Auf Inititiative Maharishi Mahesh Yogis begannen führende ayurvedische Ärzte, mit westlichen Wissenschaftlern interdisziplinär zusammenzuarbeiten und die wertvollen Mosaiksteine des Ayurveda wieder zu seiner ursprünglichen Ganzheit zusammenzufügen. Das uralte Denken des Ayurveda verband sich mit moderner Wissenschaft.

Das Ergebnis dieser Arbeit, der Maharishi Ayurveda, steht für die Qualität und die Vollständigkeit ayurvedischer Medizin. Im Maharishi Ayurveda treffen sich die Weisheit einer uralten Heilkunde und die moderne Wissenschaft. Auf dem Boden dieser Entwicklung entstehen seit 10 Jahren weltweit Maharishi Ayurveda Gesundheitszentren, die das gesamte Spektrum ayurvedischer Behandlungen in einer standardisierten Form anbieten.

So weit Dr. med. Hans Schäffler, Medizinischer Leiter des Maharishi Ayurveda Gesundheitszentrums in Irdning (Österreich). Er ist Vorsitzender der Deutschen Gesellschaft für Ayurveda in Traben-Trarbach.

Im Ayurveda werden auch so genannte Regenerations- und Verjüngungskuren angeboten, die wir gestressten Managern, aber auch allen stressgeplagten Menschen aus allen möglichen Berufsgruppen empfehlen können. Es ist nicht unser Ziel, das Spektrum der ayurvedischen Medizin hier aufzuzeigen, sondern Sie zu informieren und Interesse an neuen, ganzheitlichen Methoden zu wecken. Für weitere Informationen verweisen wir an die Deutsche Gesellschaft für Ayurveda. Die genaue Adresse nennen wir Ihnen im Anhang.

Unser Gesundheitstipp aus dem Ayurveda: Ingwer-Wasser

Kochen Sie Wasser ca. 10 Minuten ab, um es keimfrei und sauber zu machen. Gleichzeitig wird es dadurch auch vitalisiert. Geben Sie nun frische Ingwerwurzeln dazu, lassen Sie das Ganze ca. eine viertel Stunde ziehen. Trinken Sie das Wasser über den Tag verteilt. **Die Wirkung:** Stoffwechsel aktivierend, reinigend

Hier noch ein weiteres Rezept, das jedoch nicht aus dem Ayurveda stammt:

Grüntee mit Apfel und Ingwer

Was Sie brauchen: 500 ml Wasser (ca. 4 Tassen), Grüntee ohne Aromastoffe, 250 ml Apfelsaft (klar), 1 Scheibe frische Ingwerwurzel (ca. 5g), 1 Eßl. Honig

Zubereitung: Ingwer schälen und zusammen mit Wasser und Apfelsaft aufkochen. Vom Herd nehmen, Grüntee einbringen und ca. 5 Minuten ziehen lassen. Mit Honig gesüßt ergibt es ein wohlschmeckendes und erfrischendes Getränk.

Mein herzlicher Dank gilt

- Roland Geisselhart, von dem ich lernen durfte und der mich vor über 15 Jahren dazu motivieren konnte, mich dem Thema Gedächtnistraining zuzuwenden

- allen SeminarteilnehmerInnen, die mir die Möglichkeit gaben, zu unterrichten, und die mir durch ihr Mitmachen und ihre Fragen und Antworten unsagbar viele Erkenntnisse und Erfahrungen schenkten

- Irmtraud Schmitt, die bereit war, mit großer Entschlossenheit und Spontaneität an diesem Buchprojekt mitzuwirken und ihre Fähigkeiten einfließen zu lassen. Ebenso danke ich ihrem Mann Helmut, der das Buch mit seinen Fotos bereichert und eine Menge guter ClipArts geliefert hat.

- allen Autoren, Referenten, Trainern und Therapeuten, deren Wissens- und Erfahrungsschatz mir zur Verfügung stand

- dem Team des mvg-verlages einschließlich aller LektorInnen, für die gute Zusammenarbeit

- allen Menschen, die mit Lob und Kritik an meiner Seite waren

- meinen Eltern dafür, dass sie mich in Bescheidenheit aufwachsen ließen und mich immer wieder einen Spinner nannten

- meinem Bruder Andreas für seine positiven SMS-Nachrichten

- Elke und Luka, die in letzter Zeit aufgrund meiner intensiven Vortrags- und Seminartätigkeit und des Schreibens häufig auf meine Anwesenheit verzichtet haben. Ebenso danke ich Elke für ihre nützlichen Tipps und Anregungen zu diesem Buch.

Anhang

Literaturempfehlungen

Gehirn, Gedächtnis- und Konzentrationstraining, Lern- und Studiertechniken

Vera F. Birkenbihl: *Das „neue" Stroh im Kopf? Vom Gehirn-Besitzer zum Gehirn-Benutzer.* mvg, München 2001

Allen D. Bragdon, Leonard Fellows: *Neue Power fürs Gehirn. So nutzen Sie Ihr ganzes Potenzial.* mvg, Landsberg 2000

Roland R. Geisselhart, Christiane Burkart: *Memory. Gedächtnistraining und Konzentrationstechniken.* STS Verlag, München 1999

Roland R. Geisselhart, Christiane Burkart: *Werden Sie ein Genie. Genietraining für alle, die sich entwickeln wollen.* Orell Füssli, Zürich 1995

Roland R. Geisselhart, Marion Zerbst: *Das perfekte Gedächtnis.* DTV, München 1995

Johannes Holler: *Das neue Gehirn. Möglichkeiten moderner Gehirnforschung.* Junfermann, Paderborn 1996

Aus der Reihe Mind-Power: *Gedächtnistraining.* Time Life, 1994

Martin Oberbauer: *Abenteuer Gedächtnis. Wirkungsvolles Gehirnjogging als packendes Lesevergnügen.* Herbig, München 2000

Dominic O'Brien*: Der einfache Weg zum besseren Gedächtnis.* Nymphenburger, München 2000

Robert Ornstein, David Sobel: *Das Gehirn, Schlüssel zur Gesundheit.* VAK, Freiburg 1995

Ursula Rupprich: *Geistige Fitneß durch Gedächtnistraining. Übungen und Methoden für jedes Alter.* MVH Medizinverlag, Heidelberg 1999

Marilyn vos Savant, Leonore Fleischer*: Brain Building. Das Supertraining für Gedächtnis, Logik, Kreativität.* Rowohlt Taschenbuchverlag, Berlin 2001

Paul R. Scheele: Photoreading. *Die neue Hochgeschwindigkeits-Lesemethode in der Praxis.* Junfermann, Paderborn 2001

Kinesiologie, Sprache lernen

Vera F. Birkenbihl: *Sprachen lernen leicht gemacht.* Gabal, Offenbach 1998

Elmar-Laurent Borgmann: *Sprachen lernen mit neuen Medien.* VAS, Berlin 1997

Franz Decker, Brigitte Bäcker: *Kinesiologie mit Kindern.* Urania Verlag, Berlin 2000

Gail E. Dennison, u.a.: *Brain-Gym fürs Büro.* VAK, Freiburg 1996

Paul E. Dennison, Gail E. Dennison: *Brain-Gym.* VAK, Freiburg 2001

Renate Feuerlein: *Du kannst es. Erfolgreich lernen mit Kinesiologie.* Herder Spektrum, Freiburg 1999

Robert Kleinschroth: *Sprachen lernen. Der Schlüssel zur richtigen Technik.* Rowohlt Taschenbuchverlag, Berlin 2000

Die Kunst des Jonglierens, Musik

Joachim-Ernst Berendt: *Das Leben, ein Klang. Wege zwischen Jazz und Nada Brahma.* Droemer Knaur, München 1998

Joachim-Ernst Berendt: *Ich höre, also bin ich. Vom Ziel allen Hörens.* Bauer, Freiburg 1994

John Diamond: *Das Herz der Musik.* VAK, Freiburg 1991

John Diamond: *Lebensenergie in der Musik.* VAK, Freiburg 2000

Davel Finnigan: *Zen in der Kunst des Jonglierens. Wenn die Bälle fliegen, wachsen auch der Seele Flügel.* O. W: Barth, München 1993

Ronald Rippchen: *Jonglieren leicht gemacht.* W. Pieper Vlg., Löhrbach 1991

Erfolgsstrategien, NLP, NLA

Gustav Großmann: *Sich selbst rationalisieren. Lebenserfolg ist erlernbar.* Ratio-Vlg., München 1993

Og Mandino: *Das Geheimnis des Erfolgs.* VNR Vlg. Dt. Wirtschaft, Bonn 1992

Joseph O'Conner, John Seymour: *Neurolinguistisches Programmieren: Gelungene Kommunikation und persönliche Entfaltung.* VAK, Freiburg 2000

Anthony Robbins: *Das Robbins Power Prinzip. Wie Sie Ihre wahren inneren Kräfte sofort einsetzen.* Heyne, München 1998

Anthony Robbins: *Grenzenlose Energie. Das Power Prinzip.* Heyne, München 1998

Ulrich Strunz: *Forever Young, Das Erfolgsprogramm.* Gräfe u. U., München 1999

Josef Weiß: *Selbstcoaching. Persönliche Power und Kompetenz gewinnen.* Heyne, München 2001

Wasser, Lebens- und Heilmittel

T. C. Fry, u.a.: *Reines Wasser für die Gesundheit. Was sollen wir trinken.* Natura Viva Verlag, Weil der Stadt 1994

Faridun von Batmanghelidj: *Wasser, die gesunde Lösung. Ein Umlernbuch.* VAK, Freiburg, 2000

Ernährung und sinnvolle Nahrungsergänzungen

Anne Simons: *Die Gesundheitsbibel. Bausteine des Lebens und erfolgreiche Rezepturen von A bis Z.* MayaMedia Verlag, München 2000

Günter Albert Ulmer: *Ernährung mit Vernunft. Gesund – gerecht – human.* G. A. Ulmer, Tuningen 1985

Gesunder Geist, gesunder Körper, Genie

Louise L. Hay: *Heile Deinen Körper A – Z.* Lüchow Vlg., Freiburg 2000

Andrew Matthews: *So geht's Dir gut.* VAK, Freiburg 2000

Ian McDermott, Joseph O'Conner: *NLP und Gesundheit.* VAK, Freiburg 1997

Erich Rauch: *Autosuggestion und Heilung. Die innere Selbst-Mithilfe.* Hüthig Medizin, Stuttgart 1994

Kurt Tepperwein: *Die Botschaft Deines Körpers. Die Sprache der Organe.* mvg, München 2000

Kurt Tepperwein: *Du machst mich krank. Die Sprache der Symptome erkennen und verstehen.* mvg, Landsberg 1999

Win Wenger, Richard Poe: *Der Einstein Faktor.* VAK, Freiburg 1997

Entspannen, auftanken, Streßmanagement

Vera F. Birkenbihl: *Freude durch Streß.* mvg, Landsberg 1999

Susanne Faust, Carolin Lockstein: Relax. *Der schnelle Weg zu neuer Energie.* Gräfe und Unzer, München 2001

Ole Petersen, Hansruedi Egger: *Gesundheit ist Chefsache. Leistungssteigerung und Stressbewältigung im Unternehmen.* Smart Books Publishing AG, Kilchberg 1999

Jose Silvia: *Die Silvia Mind-Control Methode für Führungskräfte.* Peter Erd Vlg., München 1987

Maria Sorel: *Mit der Silvia Mind Methode zu mehr Gesundheit und Lebensglück.* Goldmann, München 1998

Kurt H. Thieme: *Das ABC des Selbstmanagements. Von Anti-Streß-Techniken bis Zeitplanung.* Th. Gabler, Wiesbaden 1995

Gesundheit mit Yoga

Maruschi A. Magyarosy: Surya Namaskar. *Das andere Fitneß-Rezept. Wie Sie Licht und Sonne in ihren Körper holen.* Laredo Vlg., Chieming 1992

Maruschi A. Magyarosy: Surya Namaskar. *Der Sonnengruß, 1 Videokassette m. Begeleitheft.* Laredo Vlg., Chieming 1995

Paramahansa Yogananda: *Das Vermächtnis des Meister.* O.W. Barth, München 1996

Lebensweisheit, positives Denken, Motivation

Prentice Mulford: *Unfug des Lebens und des Sterbens.* Fischer-TB-Vlg., Frankfurt 1977

Joseph Murphy: *Die Macht Ihres Unterbewußtseins.* Ariston-Vlg., München 2000

Osho: *Meditation – die erste und letzte Freiheit.* Osho Verlag, Köln 1998

Hildegard Ressel: *Was ich wirklich brauche.* Scherz Verlag, München 1998

Antoine de Saint-Exupery: *Der kleine Prinz.* Rauch, 2000

Ron Smothermon: *Drehbuch für Meisterschaft im Leben. (Originaltitel: Winning through Enlightenment).* J. Kamphausen, Bielefeld 2000

Internet-Bestell-Service

Auf der Homepage von www.td-vital.de können Sie einfach und bequem Ihr Buch bestellen. Nutzen Sie unseren Service in Kooperation mit Amazon.de

CD-Empfehlungen

Instrumentalmusik, je nach Titelfolge entspannend oder aktivieren. Diese Musik wird häufig in den Seminaren bei Fantasiereisen und Entspannungsübungen eingesetzt.

CD Titel	Komponisten	Verlag	Bezugsquelle
Listening the waves	Thomas Drach	menta-verlag	t.d.vital
Grenzenlos	Thomas Drach	menta-verlag	t.d.vital
Tanz der Gefühle	Thomas Drach	menta-verlag	t.d.vital
Traumland	Thomas Drach	menta-verlag	t.d.vital

Instrumentalmusik die sehr meditativ, beruhigend und teilweise asiatisch klingt

CD Titel	Komponisten	Verlag	Bezugsquelle
Feng Shui Harmony	Richard Hiebinger	sayama music	t.d.vital
Reiki Hände	Richard Hiebinger	sayama music	t.d.vital
Yin Tao	Richard Hiebinger	sayama music	t.d.vital

Instrumentalmusik mit Titeln, die jeweils ca. 20 Minuten Spielzeit haben. Diese CDs sind sehr gut als Hintergrundmusik für Entspannungsübungen geeignet.

CD Titel	Komponisten	Verlag	Bezugsquelle
Sp. Environment Healing	Anugama	Meistersinger	t.d.vital
Sp. Environment Sham.Dream	Anugama	Meistersinger	t.d.vital

Kundalini-Meditation

CD Titel	Komponisten	Verlag	Bezugsquelle
Osho Kundalini Meditation	Deuter	new earth records	t.d.vital

Meereswellen, Meeresrauschen (ca. 1 Stunde ohne Unterbrechnung)

CD Titel	Komponisten	Verlag	Bezugsquelle
Wind and Water Celebration	Watersounds	Fönix Musik	t.d.vital

Entspannungsübung (Phantasiereise) Text mit Musikuntermalung

CD Titel	Sprecher	Verlag	Bezugsquelle
Reise durch den Körper	Thomas Drach	menta-verlag	t.d.vital

Vortrags- und Seminarangebot

Seminare mit Thomas Drach

Geistige Fitness (Forever clever)
für Manager, Selbstständige und Führungskräfte
Dauer: 3 Tage

Gedächtnis- & Wellness-Seminar
für jeden, der geistig fit und gesund bleiben will
Dauer: 1 Wochenende

Workshops
zu unterschiedlichen Themen (auf Anfrage)

Informationen zu den Seminaren „Stressbewältigung", „Office Management" und „Persönlichkeitsentwicklung" mit Irmtraud Schmitt, erhalten Sie gleichfalls über t.d.vital.

t.d.vital, Fronwiesenweg 1
88697 Bermatingen
Fon 07544–71299 Fax 73293
Email info@td-vital.de
Internet www.td-vital.de

Auf unserer Homepage erhalten Sie weitere Informationen zu den Aktivitäten von Thomas Drach und zu den empfohlenen Gesundheitsprodukten sowie über Musik und Kunst des Autors.

Lieber Leser,
dieses Buch enstand u.a. durch den Austausch mit unseren Seminarteilnehmern.
Wir möchten Sie herzlich einladen, uns Ihre Anregungen, Kritik und Ideen zur Verbesserung zu übersenden. Diese können wir dann bei Überarbeitung bzw. Neuauflage des Buches berücksichtigen.

Weitere Adressen, auf die in den einzelnen Kapiteln hingewiesen wurde:

Institut für angewandte Kinesiologie und Naturheilkunde Meersburg
Brigitte Bäcker
Allmendweg 3
D-88709 Meersburg
Internet www.Kinesiologie-meersburg.de
Email Kinesiologie.meersburg@t-online.de

Neumond – Düfte der Natur GmbH
Gewerbegebiet 2
D-82399 Raisting
Fon 08807–940800
Fax 08807–940870
Email info@neumond.de
Internet www.neumond.de

Primavera Life GmbH
Am Fichtenholz 5
D-87477 Sulzberg
Fon 08376–8080
Fax 08376–80839
Email info@primavera-life.de
Internet www.primavera-life.de

Sayama Music
c/o Richard Hiebinger
Westenstr. 10
D-83253 Rimsting
Fon 08051–309100
Fax 08051–309101
Email music@sayama.de
Internet www.sayama.de

Sintonia Seminare
Mai Schaible
Wellbachweg 4
D-82541 Münsing
Fon 0700–74686642
Fax 08177–997475
Internet www.PhotoReading.de,
Email info@sintonia.de

MILAN Feng Shui Consulting
Michael Lange
Ailinger Straße 89
D-88046 Friedrichshafen
Fon 07541–3786883
Fax 07541–3786882
Email info@milan-fn.de
Internet www.milan-fn.de

VdM Verband deutscher Musikschulen e.V.
Plittersdorfer Straße 93
53173 Bonn
Fon 0228–957060
Fax 0228–9570633
Internet www.musikschulen.de
Email VdM-Musikschulen@t-online.de

Reformhaus Dahinten
Ernährungs- und Diätberatung
Hauptstraße 16
88677 Markdorf
Fon 07544–3899
Fax 07544–912326

Deutsche Gesellschaft für Ayurveda e.V.
Wildbadstraße 201
D-56841 Traben-Trarbach
Fon 06541–5817
Fax 06541–811982
Email ayur-veda@net-art.de
Internet www.ayurveda.de

Auflösung der Denkaufgabe von Seite 92:
Es handelt sich um die Zahl Pi, die Sie sich mit Hilfe der Geschichte und des Zahlencodes bis auf 30 Stellen hinter dem Komma gemerkt haben. Die Punkte helfen Ihnen, die Zahlen entsprechend der Geschichte wieder umzuwandeln.

Ergebnis: 3,14.15.92.65.35.89.79.32.38.46.26.43.3.83.27.9

Stichwortverzeichnis